# 등 너머의 사랑

김선욱 시집

# 등 너머의 사랑

시인마을 003
새로운사람들

# 自序

2015년 시집 『꽃자리』 이후 게을러터진 탓으로 거의 4년 만에 새로운 시집 『등 너머의 사랑』을 상재한다.

실인즉 지난해 40여 편의 백두산 관련 시들을 포함한 새 시집을 출간하려고 했으나, 별도의 '백두산 주제' 시집을 출간하기로 생각을 바꾸면서 대신 부족한 시편을 보태고, 게다가 여의치 못한 개인적인 사정까지 겹치면서 1년여가 늦추어져 『등 너머의 사랑』을 이제 펴내게 되었다.

요즘은 매일 반복되는 '직업'의 일 외에 시는 거의 일상이 되고 있지만, 갈수록 시작詩作은 어렵다. 나이 들며 몸은 날로 기가 쇠약해져 가지만, 맘은 늘 예전에서 한 치도 물러서지 않아 더 고민스럽게 한다.

우리의 생은 태어나 종생에 이르기까지 정해진 '나만의 시간'이라는 굴레를 하나하나 거슬러 오르는 숙명적인 삶에 다름 아니다. 우리는 그 시간의 굴레를 한 단계 한 단계 거슬러 오르고 있을 뿐이고 우리는 간혹 그 생업生業을 하나하나 매듭짓기도 한다. 우리가 흔히 공자의 말을 빌려, 30세를 이립而立, 40세를 불혹不惑, 50세를 지천명知天命, 60세를 이순耳順, 70세를 종심從心이라고 구분하는 것도 이와 같은 이유에서일 것이다.

나의 시업詩業도 이와 다를 것이 없다. 그러므로 이번 시집 발간은 내 시업詩業의 한 단계를 정리하는, 즉 내 시업詩業에서 하나의 매듭을 지어보는 의미도 있다. 이번 시집 출간 이후, 나는 다시 새로운 시업을 시작할 수 있기 때문이다.

내 시업詩業에서 이번 시집은 제6시집이 된다. 4년여 만에 새 시집을 펴내는 셈이다. 그런데 이번 시집이 그동안의 내 시업을 뚜렷이 구분 지을 수도, 뚜렷한 상승의 단계를 보여줄 수도 없다는 사실에서 나는 부끄럽고 비애감마저 느낀다.

그럼에도 나는 '시인의 이름'으로 불가피하게 어설픈 시작詩作이라 할지라도, 다시 이 시작詩作에 매달릴 수밖에 없다. 내 숙명 같은 이유로. 올해 안으로 '백두산' 관련 시편을 모아 시집을 엮는 일을 해 보려고 하는 이유이기도 하다.

나는 요즘도 젊은 날과 하등 다를 것이 없는 '꿈 같은 꿈'을 꾼다. 그리고 매일 아침에 눈 뜨면, 오늘은 전혀 새로운 새날이라고 믿으며 '오늘도 최선'으로 하루를 살아내고자 노력한다.

내 시업詩業도 그런 꿈꾸기 같은 업業에 다름 아닐 것이다. 아마 이런 꿈꾸기는 내 종생에 이르도록 지속될 것이다.

오늘도 나와 같은 생각으로 시업詩業에 종사하는 모든 이들에게 이 시집을 바친다.

2019. 11.
정남진 장흥 억불산 기슭에서
隱草 金善旭

# 차례

自序 4

## 제1부

봄의 소리 14
겨울의 끝 16
봄이 오는 강변에서 18
겨울 나목을 꿈꾼다 20
네 삶은 놀라운 기적이다 21
그리움도 동안거에 드니 22
꿈꾸는 자는 살아남는다 23
쪽빛보다 쪽에서 빚은 빛이 더 푸르다 25
억새의 기도 27
눈물의 사랑 28
허연 혼불 30
억새의 사랑법 31
새벽에 33
기도하며 오르라 35
아침 바다 36

갈대의 울음 37
입춘일 남산에서 38
홍시 40
겨울비 41
첫눈 42
정남진 겨울 포구엔 바람도 잠에 든다 43

## 제2부


비련 48
풍매화 49
산꽃이 그리운 날 51
다시 만나러 간다 52
담쟁이 54
목련이 진다 56
내가 원하는 생은 57
포기를 모르는 사랑 59
외사랑은 잔인하다 60
네 생이 장하다 61
여자가 그립다 63
독한 그리움은 태워야 한다 66
사랑으로 피었으니 되리 67
한 올까지 다 태우리 68
고고히 빛나면 되리 69
오로지 사랑의 이름으로 70
빛나는 생명 71
너를 꿈꾸기는 내 자유 72
누군가의 어떤 길 73

## 제3부

등 너머의 사랑 76
눕지 못하는 아픔이 있다 77
미풍에도 가슴은 멍이 든다 78
바람의 시를 쓰려는 이유 79
미친 바람이 되리 81
바람의 길에 머무는 것들 82
강진만 갈대밭에서 83
사막의 바람이 되리 84
태초가 그립다 85
등 너머 미치지 못했다 87
네게 가 닿으리 88
내 시간이 부끄럽다 89
있지만 없고 없지만 있다 90
내 시간은 지금뿐이다 91
이생만이 독처獨處하다 92
날지 못하는 이유 94
죽음과 맞서지 못했다 95
임의 향기 96
3월의 향기 97
송기숙 그리고 매화 98

## 제4부


일상 102
아버지 눈물이 그립다 104
허탕질 107
소주 한 잔 109
송년을 맞으며 111
상처 113
살아있어 감사하다 114
생일 117
인연이라는 것 118
헛꿈일지라도 119
내가 꿈꾸는 별 121
목 꺾힌 들꽃, 뿌리는 남았으니 124
대법의 꿈 제암에 걸리다 126
알프혼 부는 어느 목자牧者 128
사진가 마동욱의 꿈 131
세계인 애용의 귀족호도를 위하여 134
에움, 장흥 가무악 꽃 피우리 137
당신의 꿈, 별이 되어 빛나리니 139
소리꾼 김효정, 가무악 꽃 피우리 141
열사여, 우리 더 기억하리라 144

작품해설 / 백수인 150

# 제1부

봄의 소리
겨울의 끝
봄이 오는 강변에서
겨울 나목을 꿈꾼다
네 삶은 놀라운 기적이다
그리움도 동안거에 드니
꿈꾸는 자는 살아남는다
쪽빛보다 쪽에서 빚은 빛이 더 푸르다
억새의 기도
눈물의 사랑
허연 혼불
억새의 사랑법
새벽에
기도하며 오르라
아침 바다
갈대의 울음
입춘일 남산에서
홍시
겨울비
첫눈
정남진 겨울 포구엔 바람도 잠에 든다

# 봄의 소리

그대는,
현악 10 중주의
감미로운 봄의 소리 듣는가
곱게 빗질하고 또 빗질하여
햇살이 속삭이듯 잘디잘게 부서지는,
혹한의 담금질을 마치고 기지개 켜며 깨어나는
버들개지의 거친 숨,
묵은 등걸에 더운 피 불어넣으며 연분홍으로
매무새 다듬는 진달래의 교태스러운 웃음,
동면에서 깨어나 헐떡이며 교미하는
개구리의 숨넘어가는,
옥색물빛 따라 춤추는 피라미의 지느러미 부딪치는,
온 누리를 애무하듯 쓰다듬는 솔바람의 자장노래,
동토의 땅을 건너오느라 얼어붙은
결빙의 가슴을 녹이며 눈 뜨는
여린 씨앗들의 움 틔우는
소리, 소리들….

그 천만 가지 다디단 봄의 소리가 유혹하니
나, 비밀스런 잠언의 숲 너머 노을 다리 걸어서
그 광휘光輝의 동산에 이르리니.

## 겨울의 끝

어디론가 숨어들었던 겨울의 끝자락
찬 기류 기지개 켜자 덩달아 일어서려 하는가
실오리만 한 마음 한 자락 다 내려놓지 못하고
쇠약해진 몸뚱아리 일으켜본들
계절은 널뛰듯 바람처럼 지나가리니
그래, 부질없다

봄 이끌고 활짝 만개한 홍매화도
난분분 화무십일홍花無十日紅이라
절로 사위어가듯 세상도 그리 그렇게 흐르리니
그래, 부질없다

이별의 전주곡이 없다 하여 서러운가
이미 칼바람은 저 멧부리에 이별의 전주곡을
맥없이 읊어대다
흔적만 남기고 산산이 흩어졌니라
이제 홀로 남겨진
겨울의 끝자락이여
내가 발길로 매몰차게 짓뭉갠다고 설워 마라
사랑은 때로 그리 잔인하다

몸도 맘도 다 떠나보낸 뒤라야
새 사랑도 움 틔우니
다들 무엇을 좇으며 무엇에 쫓기는지

애초에 아담이 그러하듯
뿌리 깊은 무성한 배반의 그림자는
늘 계절의 끝에 도사리지만
그 또한 우리의 생이니

주렴으로 내걸린 구원의 빛살 한 방울 향으로도
환하디 환한 창문 타 넘어 그 빛살에 머무르리니
끝이 있어야 시작도 있고
이것이 있어 저것이 생기니

너, 나도 이 순리에 좇으리니.

## 봄이 오는 강변에서

갈기 세운 꽃샘바람들이 잉잉대는 강변
마악 더듬이 치켜세운 여린 봄이 힐끔거리고
일찍 바람난 매화가 힘을 잃고 지는 사이
벚꽃이 만개하여 하늘을 하얗게 수놓는다

꽃 핀 자리에 꽃이 지고
제서 얻은 사랑 예서라도 버리리니
신발 벗고 누구의 아버지도 벗어버리고
떠밀리듯 걸어온 오늘도 불투명한 내일도 벗어버리고
부신 햇살 같은 가벼운 바람 같은 맨몸으로
꽃 아래 꽃이 되고 강가에 강이 되어
화장 지우듯 내 생의 흔적도 죄 지운다

얼마쯤 지났을까
녹진 세월의 시간이 야금야금 덤벼든다
애써 모른 척해 온 생의 아픈 뒷장도 속절없이 펼쳐진다
흘러 바다에 이르지 못한 눈물들이 내 안으로 물길을
열었을까
봄의 머리통을 끌며 달려온 산발한 그리움이
아지랑이 되지 못해 헤매다 내 품속으로 들어온 걸까

과부가 정분 베어내느라 송곳으로 허벅지 찌르듯
나는 속살로 스며든 응달의 시간들을 싹둑싹둑
잘라내고
시린 살갗마다 모질게 대못을 친다

그런데도 도둑처럼 슬몃슬몃 새 나오니
붉은 눈물이다
아서라,
나도 저 흐르는 강물 따라
흐르면 흐르는 대로 흐르리니.

# 겨울 나목을 꿈꾼다
-겨울나목 1

활력을 이어주던 잎새
다 떨구어내고 벌거숭이로
동토에서 아픔의 숱한 날들을 견뎌내며
가녀린 팔 끝마다 새 생명 움 틔우는
네 삶이 어찌 부럽지 않으랴

겨우내 맨몸으로
눈비 맞으며 성애도 피워내고 칼바람도 견뎌내야 하리
살갗은 부르터지고 앙상한 뼈대만으로도 만족해야 하리
새 생명 잉태하느라 속내는 이글이글 끓어오를 터
나, 어찌 그런 삶을 견뎌내랴

그럼에도 너는 당당히 통째로 벌거벗은 채
산고의 아픔 따윈 속내의 치열한 열정으로 불태우고
겸허히 하늘만 우러르며 찬란한 봄날의
연록 빛을 꿈꾸는 천상의 시인되었으니
나, 감히 너를 닮고자
오늘도 참회의 기도를 한다.

# 네 삶은 놀라운 기적이다
-겨울나목 2

생명은 다 기적이지만
잎새 하나 없는 네 빈 가지 끄트머리에 돋는
잎눈 꽃눈은 놀라운 기적이다

지나 온 삶의 상처도 송두리째 드러내고
실오리 한 올 걸치지 않았어도 살아 있어 기적이지만
치장하지 않은 지금의 삶이 치장하였던 삶보다
더 많은 잠언箴言을 담고 있는 것은
더 놀라운 기적이다

때로 낮은 곳에서 더 높이 날 수 있듯
비천한 곳에서 더 큰 기적이 일어날 수도 있으리니
빈 몸뚱이로 절망 속에서 희망을 꿈꾸며
새 생명을 잉태하는 네 삶이
더욱더 놀라운 기적인 이유이다.

# 그리움도 동안거에 드니
-겨울강 1

죽은 듯 적요해서
아무도 찾아오지 않는다고 외로운 것은 아니다

허기진 겨울바람에 입술은 퍼렇게 질린다
푸른 피부는 부들부들 떨린다
뼈 마디마디 관절마다 얼어붙는다
그렇다고 사랑이 죽은 것이 아니다
동안거冬安居에 들었을 뿐이다

사랑은 사랑 안에서 침몰하고
사랑 안에서 다른 사랑은 움 틔우니
잔인한 세월을 건너가며
눈물 빛 환한 날을 꿈꾸는
저 겨울강.

## 꿈꾸는 자는 살아남는다
-겨울강 2

발가벗은 하늘이 슬며시 내려와
강 안으로 드러누워 은빛 자리 펼친다
바람은 쉼 없이 빗질하고
햇살은 툭툭 퉁겨대며 끊임없이 구애하고
강은 제 몸뚱이 살얼음으로 기워가며
사랑의 꿈을 키운다

실은즉 언제 닥칠지 모르는 결빙의 시간이
저만큼 서성거리고 있어
몸 사리며 안으로 더욱 깊숙이
뜨거운 사랑을 키우고 있다
푸른 날에 환히 펼칠
미친 사랑을

우리의 생生이 죽음의 시간을 예감하더라도
죽음의 땅에 빠진 뒤에 살 수 있다는*
꿈이 필요하리니

매운바람 한 줄기
메마른 내 가슴으로

오래 잊었던 뜨거운 사랑을 옮겨 담는다.

*"투지망지연후존(投之亡地然後存) 함지사지연후생(陷之死地然後生)" : "망하는 곳에 던져진 뒤라야 생존할 수 있다, 죽음의 땅에 빠진 뒤라야 살 수 있다."-「손자병법」에서 인용하다.

# 쪽빛보다 쪽에서 빚은 빛이 더 푸르다
-겨울강 3

허리 웅크리고 돌아누웠다
칼바람에 고개 들지 못한다
하지만 죽은 것은 아니다
내 안은 여전히 팔팔하다

할 말 다하지 못한 미망迷妄의 말들
가슴 깊이 쟁여둔 따듯한 이름들
애잔한 그리움으로 밀려오는 모든 것들을
가슴으로 빚고 또 빚는다

설혹 차가운 얼음이 등 짓누르며
세상으로부터 철저히 봉封하더라도
그것도 잠시뿐이리
그 아픔 또한 내 생生을 위한 산고 같으리

한동안 얼음장 밑에서 더 웅크리고
나 있는 줄도 모르고 까맣게 잊으면 되리
쪽빛보다 쪽에서 나온 빛이 더 푸르고
물에서 나온 얼음이 물보다 더 차듯*
생生도 다시 빚어 태어나는 생이

더 빛날 수 있으리니
나, 허리 펴고 세상 밖으로 고개 드는 날
내 몸 빛은  더 환하게 빛나리니.

* "푸른 색은 쪽 풀에서 뽑은 것이지만 쪽 풀보다 더 푸르고, 얼음은 물이 (얼어서) 된 것이지만 물보다 차다(靑, 取之於藍, 而靑於藍 ; 氷, 水爲之而寒於水…)"-「荀子」'勸學篇第一'에서 인용하다.

# 억새의 기도
–천관산 억새 2

온갖 생명의 꿈들이
질고의 계절 끝에 농익고
가슴을 통째로 드러낸 바람도
생이 닿을 때까지 푸른 기도를 멈추지 않는다

봄가을 그리고 어제와 오늘도
밤도 지새우며 꿈꾸어 온
억새의 간절한 기도

하얀 슬픔으로
뜨거운 눈물로
천년을 다함이 없을 그리움으로
천관산 머리에
저리 허옇게 피어나고 있다.

# 눈물의 사랑

–천관산 억새 3

그리우면 울어야 한다
하도 그리우면 부르짖어야 한다
누가 가르쳐 주지 않았어도
하도 그리우면 울게 된다
네가 한 올 바람에도 흐느끼는 것은
네 가슴에 못다 한 천년의 사랑이
여태 남아 있기 때문이다

밤새 온몸이 흠뻑 젖도록 울었구나
통음을 내뱉느라 목도 쉬었구나
우주 하나가 퍼질러 누운 줄 알았더니
네 기도로 천관산 머리가 허예졌구나

이생에서 너 만남은 큰 축복이었다
여전히 변하지 않은
내내 변하지 않을
우리의 눈물 사랑
너는 내게 눈물로 스미고
나는 네게 눈물로 빨리는
우리의 생이 너무 아프구나

지금은
네 몸이 으스러지도록 껴안고 울리니
너는 울부짖으리
우리의 사랑이 저 환희의
빛 무리에 이를 때까지.

## 허연 혼불
–천관산 억새 4

도무지 못 잊어 꿈속 조우라도
생을 돌고 돌기를 얼마큼이어야
가슴에 쌓인 그리움이
색이 다 바랜 채 저리 허옇게 맺힐까

이생의 열 달
푸르게 끓던 피와 살이 다 사그라져 가도록
그리움 끊지 못해 무리 지어 일어선 억새

도대체
그리움의 한이 얼마큼이기에
빨건 불꽃 다 태워버리고
허연 혼불(魂–)로 타며
그리 부르짖는가.

# 억새의 사랑법
–천관산 억새 5

새벽에 억새를 만나던 날
억새 능선 동서쪽에 팬 억새들이
제 사랑이 서로 나은 사랑이라고 말싸움한다
동쪽 억새는 아침엔 불붙지만
서쪽은 불붙는 듯 마는 듯해서 나온 말이었다

해가 이울 녘 또 속삭이는 소리를 듣는다
서쪽은 이젠 우리가 더 잘 불붙는다고
동쪽은 아침 사랑의 여진일 뿐이라고
서쪽은 미진한 사랑으로 시작하지만
저녁엔 불타는 사랑이란다
동쪽은 아침에 불붙는 사랑이었으므로
저녁엔 미진한 사랑일 뿐이란다

어느 사랑이 나은지 가려서 뭐 하랴
크고 작든 처음에 불붙든 나중에 불타든 무슨 대수랴
종일 사랑 안에 머무르다 사랑 안에 져 가는
우주의 사랑 안에 생멸하는
너희 생이니.

*노트 : 천관산 억새는, 정상부를 경계로 동서 양편 능선에서 억새가 핀다. 동쪽 능선은 가팔라서 억새가 좀 성기고, 서쪽 능선엔 억새가 촘촘하고 무성하다. 억새 군락지도 주로 서쪽 능선 쪽이다. 일출시 억새 능선에 서면 동쪽 억새밭은 벌겋고 서쪽은 허옇다. 반면 일몰 때는 서쪽이 벌겋다. 이런 지형상의 억새 특성에서 이 시는 써졌다.

## 새벽에
–억불산 1

신神의 말씀이
불가해不可解의 문을 열어 쏟아져 내리니
온 우주가 은총으로 넘실댄다
이름 모를 새 한 마리
신의 전언을 노래로 풀어내며 하루를 채비하고
산꽃 한 송이도 귀 문 열어 눈짓으로
밀어를 속삭이는 억불산 첫새벽

아픔도 밤새우며 한 꺼풀 벗겨내지만
죄 많은 내 손은 한 줌도 털어내지 못해
겹겹으로 각인된 죄가 여전히 남아있다
여태 신의 뜨거운 언어를
시어詩語로 풀어내는 일도 참으로 아득하다
그럼에도 나는 빛의 날을 꿈꾼다
오늘 이 첫새벽 억불산 머리에서
더 미치도록.

*노트 : 아침 이른 새벽에 억불산을 올라 한동안 정상부에 좌정한 채 깊은 생각에 잠긴다. 억불산은 내가 사는 집(장흥읍 우산리) 바로 뒷산으로 틈만 생기면 오르내리는 산이다. 높이가 518m로 비교적 낮은 편이지만, 능선이 길고 부드러워 마치 고운 여인이 치맛자락을 길게 늘어뜨리고 걷는 것과 같은 형상을 하고 있다.

# 기도하며 오르라
—억불산 2

나무 한 그루
풀 한 포기
난 대로 자란 대로
하나의 작은 별이다

생명 하나 없어도
제 생을 절로 불사르며 사는
무수한 별들도 저리 환히 빛나거니와
생명으로 번득이는 그 생이야 오죽 찬연하리
그 작은 별들을 껴안은 산은
작은 우주며 푸른 우주다

산으로 가는 사람들은 진실을 알아야 한다
유일하게 푸른 별 세계를 거니는
축복받은 존귀한 생명이라는 것을
산은 기도하며 가야 하는 이유이다
우리가 기도 없는 생을 마쳤어도
산에 묻히는 이유이다.

# 아침 바다
–정남진 바다에서

떠오르는 해를
섬들 허리 사이에 묶어두니
해는 바다와 질탕하게 섹스한다
그 섹스는 황홀하다
얼마큼 미쳐 했을까
제 밑 속살마저 찢었는지
낭자해진 핏물로 하늘도 흥건해진다
해와 바다는 오늘을 다 사르면
내일도 또 남은 열정 한 올까지 다 태울 것이다
내일은 새 사랑이 있으므로

사랑의 기운을 등에 업은 해는
세상으로 떠나고 맥 빠진 바다
비로소 날 놓아주며 모질게 충고한다
다 흐르고 흐를 뿐이다
오늘을 불태우며 살라, 고
하지만 나는
바다 늪으로 빠져들며 허우적거리고
어제에서 한 치도 벗어나질 못한다.

## 갈대의 울음

아픔은 깊을수록 가슴에 담긴다
갈대도 아픔을 몸속에 담는다
꽃 되지 못한 아픔을
함께 모으니 아픔은 더 절절해지고
기어이 넘쳐나며 토해지니 울음이다

진종일 쉼 없이 야금야금
들숨으론 쟁여 담고
날숨으론 넘치는 울음 토해낸다
갈대가 흔들거리는 것은 울기 위해서이다
흔들릴 때마다 울음이 절로 토해지도록
울음으로 들숨 날숨하며 사는
늘 몸속에 넘치도록 담고
그것도 꼭꼭 쟁여 채우며 사는 갈대

도대체 몸속에 쟁여 담은 울음이 얼마큼 깊었기에
들숨 날숨 끊어지고 빈 몸뚱이 말라비틀어지다
댕강 끊어질 때까지 울음을 뱉어내는가
아무래도 내 생生의 아픔은
엄살 가까이에도 미치지 못했구나.

# 입춘일 남산에서

입춘立春의 날
장흥 남산*에 오르니
벚나무는 꽃눈을 움 틔우고
봄날은 남녘 어디쯤에서 뭉그적뭉그적

동토가 발목을 붙들어 매니
몸뚱아리는 기를 펴지 못한 채 웅크려진다

하지만 가슴 밑바닥엔
환한 봄날이 만 가지 천둥소리로 찾아들고
마음은 하늘 높이 차올라 세상을 굽어보니
세상은 찬란한 별
만 가지 시흥詩興이
얼어붙은 가슴 떠메고 춤사위 돈우니
나는 시詩의 꿈에 취해 이리 비틀 저리 비틀

하지만 시詩도 뿌리내리지 못하는 땅
세상은 미친 별이다.

*남산 : 장흥군 장흥읍내 '예양공원'으로 불리는 야트막한 산. 예전에 장흥부 관아 바로 남쪽에 있다고 하여 남산으로 불리어졌다. 그런데 탐진강의 옛 이름은 예양강(汭陽江)이다. 장흥읍 예양리를 관통하고 있어 그리 불린다. 남산은 70여 년 된 왕벚나무와 소나무 등이 분포한 원시림으로 벚꽃 시즌이 되면 인근의 상춘객들이 줄을 잇는 벚꽃맞이 명소이다. 과거 7세기 동안 '부사고을 장흥'의 명산이 되어 온 산이다.

## 홍시

한 찰나에 불꽃 터뜨리고
며칠 후 맥없이 지는 꽃들의 시간도 천만 년이거늘
얼마큼 오래도록 기다리고 불씨 지피면
기어코 온몸으로 불을 켤 수 있는 걸까

이파리 지고 밖은 칼바람이 갈수록 기승인데
붉은 핏줄 저리 온몸으로 번져
마침내 불덩이로 피어나는
네 생의 무늬는 참으로 눈부시다
나도 언젠가 자주 몸에 불 지피길 꿈꾸었지만
그때마다 어김없이 헛꿈으로 그치고 말았다

내 몸뚱이
언제쯤 너처럼 찬란한 불꽃으로
가득 채울 수 있을까
내 한 생도
언제쯤 그대 앞에
벌겋게 불태울 수 있을까.

# 겨울비

새해를 열흘쯤 남긴 날
자정부터 비가 추적거린다

제 생을 뜨겁게 불사르며
모토母土로 돌아간 낙엽과 이별 후
칼바람 맞고 있는 나목裸木 위무하느라
비가 추적 추적거린다

냄새가 감미로워 봄비 맞이처럼
스스럼없이 비에 젖어든다
생살 같던 임을 떠나보내느라
아파해 하는 생에 힘을 보태는 손길이 되고
이별 뒤 삶이 고독할 때
새로운 만남의 기약을 축복해주듯
나목의 등을 토닥토닥 거려주는 겨울비

곤고했던 한 해 떠나보내는
나의 등도 토닥토닥 거려 주니
나도 새해와 빛나는 조우를 꿈꾼다.

# 첫눈

어스름 첫새벽에 임이 옵니다
어둠살 짓누르며 온 누리 하얗게 덧칠하며
환한 빛으로 그리던 임이 찾아듭니다
시간 저편이 하얗게 물들여지며 젖어옵니다

까닭 없이 가슴이 설렙니다
축축한 손끝이 부들부들 떨리던 첫 키스처럼
오욕(汚辱)의 강 건너와 환한 날을 맞이하듯
저 아득한 시간 건너와 전혀 다른 새날인 오늘 맞이하듯
가슴이 마냥 뜁니다

저 함박눈이 어둠을 밀어내니
가슴속 부정맥이 힘차게 깨어납니다
내 생의 한 줄기 푸른 바람입니다

흔적 없이 사라질 아픔은 생각하지 않습니다
잠시뿐이지만 지금은 신의 축복 같은
오로지 내 생을 온기로 덥혀줄
그리하여 그 품에 눅신히 안겨들
임을 맞이합니다.

# 정남진 겨울 포구엔 바람도 잠에 든다

동토凍土의 기운이 남으로 뻗혀내리 듯
정남진 겨울 포구엔 모든 것들이 스며든다
겨울바람도 정남진에선 잠들고 싶어 한다

호남정맥을 타 내리느라 기진해진 바람은
반도 끄트머리 정남진에 이르러 지친 몸을 내려놓는다
매생이 굴 김* 내음에 취해
아무 데나 겹겹 수천 겹으로 엎드리거나
동안거冬安居에 들 듯 죽은 듯 쓰러져 오래도록
잠에 빠지고
개펄에게 덜미 잡힌 햇살은 그들의 몸을 품어앉는다

파도소리야 백두대간 타 내리며
내지른 소리에 비하면 자장가이다
낮으론 갈매기 사랑 소리 들으며 깊이 잠들고
밤으론 차라리 해조음 소리가
몸을 간지럽혀 선잠을 자기도 한다
거친 해풍이 허리에 두른 푸른 옷자락 붙잡고
일으켜 세우려 해도
백두대간 타 내린 칼바람이 세차게 등 떠밀어도

깊이 잠든 바람들을 다 깨우지는 못한다

한겨울이 지나는 사이
바람 등 위로 넙죽 엎드린 고요의 등도 햇살이
슬슬 건드리고
널브러진 채 잠든 바람의 등 덥혀지는 날이면
바람들은 비로소 슬몃슬몃 몸을 일으켜 나풀
나풀거리며
겨우내 잠들었던 꽃 정령들을 깨우니
여기저기 동백이며 매화 꽃등 터지고
한재공원**에선 할미꽃 움들이 일제히 싹을 틔우고
부용산에선 노루귀며 꿩의바람꽃들이
환한 사랑으로 피어난다

한반도 봄이 가장 먼저
정남진으로 찾아오는 이유이다

*매생이, 무산 김, 굴은 겨울철 정남진 장흥의 대표적인 수산물이다.

**한재공원 : 장흥군 회진면 덕산리 한재공원. 이 공원 능

선 약 10만㎡에는 자생 할미꽃 군락지가 있어 3월 초순경에 꽃을 피우기 시작, 3월 중순경에 만개한다.

# 제2부


비련
풍매화
산꽃이 그리운 날
다시 만나러 간다
담쟁이
목련이 진다
내가 원하는 생
포기를 모르는 사랑
외사랑은 잔인하다
네 생이 장하다
여자가 그립다
독한 그리움은 태워야 한다
사랑으로 피었으니 되리
한 올까지 다 태우리
고고히 빛나면 되리
오로지 사랑의 이름으로
빛나는 생명
너를 꿈꾸기는 내 자유
누군가의 어떤 길

## 비련
–가시연꽃

얼마큼 기다려야
네 앞으로 다가갈 수 있을까
살을 찢고 속뼈 드러내며 증언하여도
그대 앞으론 다가갈 수 없는
천형 같은 비련의 사랑

속살이 그리 아찔하도록 빛나는 것은
속으로만 삭이고 쟁여온 그리움의 빛깔
살 거죽마다 빼곡히 뚫고 솟아난
날 선 뼈 가시는 내 속울음의 눈물

얼마큼 생을 돌고 돌아야
뼈 가시 드러내지 않고 통째로 문드러지며
그대 가슴 안에 안겨들 수 있을까

내가 이생에서 물속에 피는 것은
차고 넘치는 눈물을
감추기 위해서임을 알리라.

# 풍매화

내 몸이 무거워
신발을 벗습니다
옷도 다 벗습니다
그래도 무겁다고요
얼마나 더 비워야 할까요

가슴앓이 하며 견뎌온 생의 파편을 모아
한 땀 한 땀 떠온 내 생의 찬란한 무늬
그러나 스스로 다음 생을 점지할 수는 없어
씨방을 활짝 열어두고 당신을 기다리는 숙명
바람보다 더 가벼워야 한다는 건
내겐 너무 가혹한 천명天命입니다

하지만 아무런 원망은 없습니다
바람보다 더 가벼워지도록
내 속엣것 하나하나 더 비워가며
당신의 웅숭깊은 날갯짓 소리를
기다리고 또 기다릴 뿐입니다

당신의 풀무질에 들리어져

허공에 내 길이 열려
내 몸 바쳐야 할 자리
찾을 수 있게 되길 소망하며.

# 산꽃이 그리운 날

산꽃이 그리운 날은
꿈속에서도 산꽃 냄새가 진동한다
그리 그리워하라고
바람이 내 어깨를 다독이는 날이면
나는 바람이 되어 산에 오른다

저만치 서성대는 봄날을 위해
겨우내 잠궜던 빗장 풀어헤치고
속진의 독한 냄새도 거두어 삭히고
아지랑이 같은 맑은 몸내 피워내며
기어이 온몸으로 향 보시하는 산꽃들

이생에서 얼마나
더 많은 겨울을 보내야
이 땅에서 그윽한 향 피우는
산꽃의 그 싹이나 틔울 수 있을까.

# 다시 만나러 간다

-노루귀 2

겨울의 끝자락
경칩과 춘분 사이
장흥 땅에서 가장 먼저 피는
산꽃다운 산꽃은 너뿐
오늘 너 만나러 산에 오른다

성, 산으로 혼자 연애하러 가요?
후배의 말에 얼굴이 화끈거린다

헤어진 지 1년만이다
난 열병을 앓듯 널 그리워했다
만나고 헤어지고 다시 만나는 것이 삶이지만
처음 널 만난 이후 여태 해마다
겨울 끝물쯤에 간절히 그리게 하는 이는
오직 너 뿐이다

보는 것만으로 세상 시름 다 잊는다
보고 또 봐도 싫증나지 않고
내 삶을 반추하게 하는 너이기 때문이다
아주 내 곁에 두고도 싶지만

넌 본시 그 자리에 있어 더욱 빛나므로
너를 내게로 데려올 수도 없다
하여 해마다 널 찾아간다

오늘 널 만나러 산에 오르는
내 얼굴이 화끈 달아오른다
가슴도 쿵쾅쿵쾅 뛴다.

# 담쟁이

나는 늘 그를 기억한다

힘에 부쳐 넘을 수 없는 벽을 만났을 때
손톱으로 벽장을 후벼 파며
타오르던 아픔도 숨긴 채
오로지 하늘을 향해 오르고 또 오르다
더는 타오를 벽이 없어지면
벽을 넘어 아래로 또는 수평으로 길을 트던,

늘 꾸던 푸른 초원의 꿈을 포기하고 싶을 때
누구나 한사코 무모한 모험이라며
고개를 내저었던 그 절벽을
제 눈물로 힘을 키우며
가녀린 맨손으로 더듬거리며 기어올라
그 절벽을 푸른 세상으로 만들던,

나 혼자라고 주저앉고 싶어질 때
처음에는 혼자였으나
손에 손을 맞잡아주는 이웃들이 있어
함께 가파른 담벽을 끝까지 기어올라

마침내 푸른 꿈을 이룬 그를,

나, 아프고 외로워 주저앉고 싶을 때
하늘을 꿈꾸며 벽을 기어오르던
그의 가쁜 숨소리를 듣는다.

# 목련이 진다

가슴속 불씨들을
다 끌어올려 송이송이 피어 올린
순백의 꽃불이 지고 있다

제 몸 다 태우고 제 생도 다 사르느라
뿜어진 신비한 내음은 순수 사랑의 향기였다
제 혼에 등불 지펴 밝힌 하얀 꽃불은
뜨거운 그리움 덩어리였다

고독하게 그러나 치열하게 기도하며
어둠 속 빛이 되었던 백의 천사가
하나둘 지고 있다
바람도 숨을 멈추고
달빛도 눈을 감은 깊은 밤
어둠의 수렁 속으로
혼절하는 목련꽃

한바탕 찬란한 봄 꿈같았던
그리움이 지고 있다
사랑이 지고 있다
내 꿈 하나도 지고 있다.

# 내가 원하는 생
–연꽃의 항변

더러운 물에서 피지만
결코 그것에 물들지 않는다고 한다
고결하고 신성하며 청순하다고 한다
얼굴은 부처의 얼굴이라고 한다
속을 다 비웠다고 하여 무욕無慾에 비유하기도 한다
오죽하면 연등燃燈으로 피어나기도 할까
이런 말을 들을 때마다 나는 물속으로 숨고 싶어진다
부끄러워서가 아니다
그런 말은 귀가 아플 정도여서 더는 듣기 싫어서이다

지금의 생은 내가 원하는 생이 아니다
내 꿈은 진흙탕의 물속이 아니다
굳건한 땅에 뿌리내리고 온몸으로 비바람 맞아가며
세파에 흠씬 물들어가면서
하늘을 우러르며 살고 싶은 거다
맵씨며 미색에서 부처가 아닌들 어떠랴
비록 별 볼품없는 호박꽃보다 못생겼다 할지라도
어느 외진 산골 산기슭에 피어난다 할지라도
내게 자랑스러운 얼굴이면 되지 않겠는가

숨 쉬기 위해 뿌리며 잎자루며
줄기 속을 다 비워야 한다지만
차라리 땅 위에서라면
온몸으로 숨을 쉴 수 있으리니

텅 빈 속은 자족할 만큼의 욕망으로 채우고
미친 사랑으로 꽉꽉 채우며 살고 싶은 거다
나는 땅에서 뿌리내리고 하늘을 우러르며
내 생을 미친 사랑으로
불태우며 살고 싶은 거다.

# 포기를 모르는 사랑
–지네발란

아무도 모르는 나만의 외사랑
땅에 뿌리내리는 사랑이 아니다
하늘을 우러르는 사랑도 아니다
소외된 땅 음지의 바위 틈새에 깊이 뿌리내리고
몸뚱이와 길고 질긴 손발은 모질게 엉겨 붙이고
갯내음 뒤집어쓴 채 파도 소리 들으며
생이 다 닳도록 진화를 꿈꾸고
거친 바위 숨결과 함께 천 년을 기다리는
아무도 알아주지 않아도
햇빛과 별빛과 달빛과 해풍이 품어주고 키워주는
외롭지만 홀로 즐기는 고독한 사랑

내 사랑이 현생에선
비록 허공으로 산산이 흩어질지라도
결코 포기 못 하는 이유이다
이생에선 이생에 미쳐야 한다는
믿음으로.

## 외사랑은 잔인하다
–진노랑상사화

발부리에서부터 야금야금 그리움 돋치고
기다림의 통증이 자꾸 돋아나 급한 마음으로
홀로 진노랑 화관 둘러쓰고
간절한 염원을 꽃 피웠지만
내 사랑은 여태 만날 수 없다

온밤을 뜨겁게 불태울 임의 모습이 선연하여
혼은 천지간을 헤매고 자꾸 헛꿈만 꾸다
기진하여 짓물러 터지며
절로 덧없이 스러져 간다

다음 생에선 차라리
연리목連理木으로 환생하리.

# 네 생이 장하다
—애기앉은부채

어쩌다 인가 부근에 핀 네 생이 기구하지만
이도 거스를 수 없는 숙명이다
네 미색에 놀라 반가이 맞는다고 다 사랑은 아니다
사랑은 네 속내를 보는 데서 시작된다

사랑받겠다며 서둘러 꽃을 피웠는데
짓밟히고 허리 부러져 사위어가는 이도 있으니
홀로라도 자비심으로 기도하며 사랑의 말 찾느라
쫑긋 세운 귓바퀴가 핏빛으로 얼룩지니
하여 더 빛나는 네 생이 너무 장하다

간밤 꿈길에서
네 옆에 바짝 다가앉아 다독거렸는데
흘리는 네 눈물이 내 발끝에 머물지만
빛나는 네 자태에 혹해 나도
네 눈물 쓰다듬어주지 못하는구나

오늘 밤은 눈물 뿌리며
포롱포롱 떠오르는 별이 되리니
네 다음 생은 지구별 어느 외진 곳에서

홀로 거침없이 창창히 빛나는
생이길 기도한다.

# 여자가 그립다
—물매화

입추와 추분지절秋分之節
세상으로 나오니 의외로 시끄러워
여자가 간절히 그립다

가냘픈 어깨에 머리 기대고
밤새 따뜻한 이야기를 나눌 수 있는
시종 묵언이어도 눈빛으로 통하는
한때는 저 탐진강 서녘 노을처럼
펄펄 들끓었을 더운 피
숱하게 날밤 새던 아픔도
가슴 깊이에 화인으로 재워놓고
이젠 있는 듯 없는 듯 하늘 아래 엎디어
고요만 피붙이인 듯 사는
그런 여자가

내 열정으로 활활 태우리
그녀 가슴 안에 꽃잎처럼 찍힌 아픔의 지문들도
그녀 얼굴에 덕지덕지 얹힌 고독의 더께들도
송두리째 지워주며
환한 웃음을 심어주리

내게 열정이 없다고?
나처럼 풋풋하고 청순한 미태를 본 적 있는가
나처럼 불타는 입술을 본 적 있는가
오죽했으면 매화인 척 시늉하고
내 열정을 드러냈으리

낯간지러운 고백이지만
내 수컷을 헛꽃 샘으로 생겨나게 하여
절절히 유혹하는 내 몸짓을
달리 무엇으로 설명하랴
내 안을 가득 채우고도 넘친 열기가
절로 내뿜어난 것이니라
비록 허장성세虛張聲勢일지라도
이처럼 달콤한 언사를 들은 적 있는가

내 열정 무시하더라도
나는 결코 포기 하진 않는다
홀로 고절한 자태로
달콤한 웃음으로 그녀를
기필코 유혹하리.

*노트 : 물매화의 헛수술은 손가락처럼 생긴 열 개의 대가 하나의 묶음으로 붙어 있고 이런 헛수술이 한 꽃 당 5개가 분포한다. 그런데 이 수술은 꿀이 분비되지 않아 헛수술이라고 한다. 헛꿀 샘, 즉 헛 수술인 것이다. 이 구조의 역할에 대해서, 수술을 마치 꿀샘처럼 보이도록 하여 수분 매개자를 유인하는 역할을 하고 있는 것으로 짐작하고 있다.

## 독한 그리움은 태워야 한다
–금강초롱

사랑했다
그리고 다시 오마고 떠나갔다

임 떠나간 먼 산 너머에 머물러 있는 마음
진종일 불끈불끈 치솟는 사모의 정
한세상 눈물로 견뎌내며 키워온 애틋한 꿈

달나라 산까지 헤맸어도 깨고 나면 다시 그 자리뿐
피와 살을 물들이고 뼛속까지 저며 든 그리움으로
진종일 몸살을 앓는다

하마 첩첩이 돌고 돌다 지쳐
어느 산모롱이에 잠들었을까
찾아오는 길 영영 잊어버렸을까
온 뿌리의 기운 죄다 끌어 모아
밤낮으로 내 몸 태우며
보랏빛 초롱불 밝히고
온 산을 서성인다.

# 사랑으로 피었으니 되리
-복수초 1

임이 찾아오지 않는다고
어찌 사랑으로 피어나지 않으랴

대한大寒 지나 입춘立春으로 가는 길목
인적 끊긴 깊은 산중에서
동토의 추위는 뜨거운 피로 몸을 데우며
오금 펴지 못한 모진 세월은
가슴속에 겹겹 잠재우고
임이 하도 그리워 제 때 잊고 서둘러
홀로 노란 꽃 피워
임을 기다리는 복수초

임 그리워하다 생을 마감한들 어떠랴
그리움으로 피었으면 되리
사랑이 찾아오지 않는다 한들 어떠랴
내 영혼이 사랑으로 피었으면
여한 없으리니.

# 한 올까지 다 태우리
-복수초 2

언 땅 뚫고 솟구쳐 올라 온 누리가 제 것인 양
당당한 몸부림이 아찔하다
언 가슴 녹이며 꾸어 온 꿈 활짝 핀
샛노란 몸빛이 눈부시다

내 생生도
뿌리에서부터 깊이 웅크린 외로움
겨우내 짓물러지고 불어터진 그리움
저리 통째로 토해내는 눈부신 몸부림이었으면
미처 다 사르지 못한 사랑 한 올마저
저리 남김없이 태우는 고독한 몸빛이었으면

가슴 밑바닥에 박힌
이런저런 응어리들
저리 죄 환한
빛으로 풀어내며.

## 고고히 빛나면 되리
-복수초 3

고개 드니 엄동설한이다
벌 나비 찾아주지 않고 푸른 잎들도 다 사라진
궁벽 설산의 빈 땅

겨우내 칠흑에서 빚고 빚은 살과 피
꽃대로 죄다 끌어올려 황금빛 꽃불 피운다
온몸의 기력 다 태워가며 오로지 우주에서
가장 빛나는 그 꽃불에 목숨 건다

내 생生은 더없는 축복이지만 더없는 고독이라
겹겹 생각 다 끊어지며 절로 말라비틀어질 때까지
누가 하찮다 일갈해도 부끄러움 별로 없었으니

홀로 환하고 따뜻하면 되리
홀로 고고히 빛나면 되리.

## 오로지 사랑의 이름으로
–들꽃 연가 4

누가 보든 말든
이쁘다 미친하다
누구의 말도 상관없이

하늘 아래 땅 위라면
산이건 들이건 어디서든
봄여름 가을 없이 절로 피고 진다

더럽혀지지 않은 가슴에
오직 맑은 바람 가득 담으며
오로지 사랑의 이름으로

나 또한 그리 꿈꾸리니.

# 빛나는 생명

–개미자리

보도블록 틈새에 돋아난다
꼿꼿이 세운 작고 연약한 꽃대에
그러나 빛나는 생명 하나 맺혀 살랑거린다
간혹 구둣발에 짓밟혀 등허리가 문드러지기도 하고
찬찬히 들여다보는 이도 없다
어느 때 누구 손짓에 뽑혀질지도 모른다
피고 보니 박토라고 원망하지도 않는다
피고 보니 작고 하찮다고 좌절하지도 않는다
오직 연약한 꽃대에 피운 빛나는
제 생명으로 살랑거리며
끊임없이 그리움을 피울 뿐이다

너 또한 지구별에서 유일하고
너대로 가장 빛나는 생명이니

내가 장미보다 너를
더 사랑하는 이유이다.

# 너를 꿈꾸기는 내 자유
—꿩의바람꽃

성姓이 꿩이요
이름이 바람인 것은
하늘 오르려는 꿈 때문이니
내가 너를 꿈꾸는 이유이다

아찔한 순백으로 빛나는 널 보노라면
내 생이 부끄럽다
그럼에도 널 닮으려 하니
가당찮다 내치지는 마라

모든 생은 바람으로 머물다
바람으로 가길 바라지만
실로 바람처럼 사는 생이 어디 있으랴
이 땅에서 저 하늘로 오르려는 꿈도 무망한 일이라

그럼에도 널 꿈꾸기는 내 자유
오늘도 널 찾는 이유다.

# 누군가의 어떤 길
## -붉나무잎

한 계절이 제 갈 길 서두르자
그도 치장을 서두른다
젊은 날에 푸른 사랑 다 퍼주어
이젠 노랗고 붉디붉게

치장하는 동안은 자기 따윈 안중에도 없다
유혹하려 노랗게 치장도 해보지만
끝내 온몸을 벌겋게 태운다
실은즉 종생終生으로 가는 길임에도

시작에서 마지막까지 그 행간行間엔
추하지 않는 그리움
가슴 두근대며 설레던 미소
스스로 자길 태우느라 흘린 눈물의
곡진한 사랑이 있다
그 생의 마지막이
저리 진저리치게 아름다운 것은
다 사랑이어서 이리

이생이 끝나는 찰라

사랑받지 못했어도 후회하진 않는다
여한 없이 자기를 태웠으므로.

# 제3부

등 너머의 사랑
눕지 못하는 아픔이 있다
미풍에도 가슴은 멍이 든다
바람의 시를 쓰려는 이유
미친 바람이 되리
바람의 길에 머무는 것들
강진만 갈대밭에서
사막의 바람이 되리
태초가 그립다
등 너머 미치지 못했다
네게 가 닿으리
내 시간이 부끄럽다
있지만 없고 없지만 있다
내 시간은 지금뿐이다
이생만이 독처獨處하다
날지 못하는 이유
죽음과 맞서지 못했다
임의 향기
3월의 향기
송기숙 그리고 매화

# 등 너머의 사랑

그대는
늘 등 너머이다

온밤을 새워도 다 읽지 못하는
태풍 뒤 고인 고요처럼 돌아누운
눈 감고 영혼으로 다가가야 하지만
눈물로도 채 미치지 못하는

그대는 늘 나를 지나쳐 앞서가니
그대와 마주하더라도
한 찰나에 불과할 뿐

그대에 이르는 길이
하얀 사막을 맨발로 걸어가는 듯
이리 고독한 그대의
등 너머의 사랑

그런데도
늘 그대 등을 넘어서는
꿈을 꾼다.

# 눕지 못하는 아픔이 있다
–바람 1

전생부터 떠돌던
늘 갈무리도 못할 길만 찾아
헤매기만 하던 바람 한 줄기
불현듯 내게로 왔다
꿈결 같은 한세상 잠시 기대듯
머물다 가리라던 바람은
눈물 글썽이며 다시 일어선다

부표처럼 늘 흔들거렸던 제 생의 소리 없는 아우성을
저문 강가에 고독 한 움큼 쏟아 내고도
밤새워 뒤척이던 몸짓 소리를
내 몸이 늘 마른다는 슬픈 소리를 남긴 채
가슴속을 후비는 아린 소리로

이날 나는 잠들지 못했다
어느 한 곳에 잠시도 눕지 못하는
바람의 아픔 때문이었다.

# 미풍에도 가슴은 멍이 든다
–바람 2

미풍이었다
아니, 자기는 미풍일 뿐이라고 항변했다
어찌 보면 바스락거리는 작은 몸짓에 불과했을 테지만
실인즉 한 번인가는 온 세상을 뒤엎을 듯
질주하는 몸짓이기도 했다
그 가슴은 늘 말라 있었고
그 생은 운명처럼 늘 다른 기운을 갈구했다

그가 밖으로 나갈 땐 그녀는 긴 밤을 뜬 눈으로 지샜다
행여 늦은 밤이라도 찾아들까 봐
푸른 밤하늘을 향해 깨어 있었고
그런 밤을 지새우고 나면
어김없이 가슴에는 멍울이 맺혔다
미풍에도 그녀 가슴에 멍이 든다는 것을
그는 까맣게 모르고 있었다

그녀가 일찍 생을 접었던 것은
그가 남긴 멍이 커질 대로 커지며
가슴을 다 갉아먹어서였다.

# 바람의 시를 쓰려는 이유
-바람 3

세월만 하늘 땅 사이에서
잠시 묵고 가는 나그네가 아니다*
그도 하늘 땅 사이에서 잠시 한 걸음 쉬어가는
한이 많은 나그네일 뿐이다
속말 터뜨리지 못하면 병이 되므로
누구든 속말은 다 토해내듯
그도 한세상 떠돌며 가슴 깊이 담아온 것들을
제 가슴 끝에서 다 풀어낸다

천년 시공을 거슬러 독존하며 지켜보아 온 진실들
오늘 하늘 땅 사이 곳곳을 헤매며 가슴에 담은 아픔들
제 이승살이의 모든 것을 술 빚듯 치성으로 빚어내어
누가 알아주든 말든
그 진실을 제 언어로 다 토해낸다

가슴으로 다 풀어내지 못하면
중음신中陰身 되어
이 세상을 끝없이 떠돌게 되리니

나 또한 가슴으로 토해내는

시어詩語를 갈구하므로
바람의 언어를 배우며 바람의 시詩를
쓰려는 이유이다.

* "세상은 모든 만물이 잠깐 머무르다 가는 숙소요 세월은 그 천지 사이를 잠시 묵고 가는 나그네다(夫天地者萬物之逆旅 光陰者百代之過客)"는 이백의 시구에서 차용하다.

# 미친 바람이 되리
–바람 4

마음을 비워
그대 가슴에 잔잔한 파장으로 다가갔던
까닭 없이 나는 법이 없는 데도
바삐 하늘 길 여는
외기러기의 나는 뜻 헤아리던 나

간절한 그리움도 길은 없으니
오늘은 온몸이 갈기갈기 찢겨지고 핏물이 낭자해도
숲 헤치고 산 넘고 물 건너 미친 듯 달려가
그대 가슴 들이박고 산산이 부서져 내리는
그런 미친 바람이 되고 싶다.

## 바람의 길에 머무는 것들

—바람 5

빈 들녘을 달려온 겨울바람 한 줄기
내 몸을 휘휘 맴돌다 다시 길을 나선다

바람의 길 저 끝 어딘가엔 눈을 감아도 환한
유년의 소리 묻어 있다
닳고 헤진 채 진종일 잉잉거리며
7남매 머리맡 지키던 문풍지 소리
아랫목에서 허릴 지지던 어머니의 신음 소리
어둑해질 때면 어김없이 허리를 일으켜
어두운 부엌에서 시래기죽을 끓이시다
끄으윽 소리 없이 흐느끼던 어머니의 목울음 소리
끝이 보이지 않을 것 같던 긴 겨울밤
오들오들 떨며 지새우게 하던 그 소리

이젠 달빛에도 목이 메는
내 가슴에 머물러
모진 생을 견디게 하는 소리다.

# 강진만 갈대밭에서
–바람 5

먼발치서 서녘 해를 끌고 온 청둥오리
검은 물살에 후드득 몸을 숨기고
메마른 갈대들이 부산히 햇살을 누빈다
땅 위에 남은 풀죽은 햇살을 다 끌어 모아
한 땀 한 땀 누빈다
벌건 옷으로 갈아입은 갈대들의 열기에
잠들었던 바람이 화들짝 놀라 깨어나며
갈대 목덜미 휘어잡고 후려진다

이승살이 물거품을
무정한 세상을
밤새 한껏 후려치리

흐느적거리다 울먹이고
때로 포효하며.

## 사막의 바람이 되리
–바람 6

생의 마지막 즈음엔 사막으로 가리
사막에 이르면 가장 자유로운 그 땅에서
옷가지 하나 걸치지 않는
빈 몸뚱이 바람이 되어 백날쯤 살리
바람의 말과 모래의 말에 귀 기울이며
몸뚱이 산산이 부서져
모래 먼지로 산화하는 그날까지

세상사 인생사 시詩도 다 잊고
낮이면 모래와 나뒹굴고
밤이면 달빛 별빛 노래 들으며
내 들숨 날숨 멎을 때까지
바람의 눈물을 가슴에 담으며
바람의 백 년 고독을
체휼體恤하리.

## 태초가 그립다
–바람 7

태초부터 숨차게 달려왔지만 시방도 기운은 펄펄하다
하늘이 원한다면 하나의 대륙도 일시에 싹 쓸어버릴 힘도 있다
이젠 그만 잠들고 싶다
하지만 쉬어갈 곳도 점점 사라지고 있다
밤이면 어둠이 내 등 쓸어주어 깊은 잠이 들던 일은 옛일이 되었다
이젠 휘황한 불빛들이 잠들지 못하게 한다
대양으로 아마존 깊은 수림으로 가 봐도 편히 잠들 곳이 없다
바다는 오염되고 숲은 망가지고 있다
하늘로 둥실 떠올라 잠드는 게 편하지만 바벨탑들이 우후죽순 치솟고 메케한 내음이 진동하여 하늘도 편히 잠들 곳이 못 된다
잠이 그립고 하도 그리워 나 미쳐간다
어디에서든 맘대로 누워 잠들던 옛날이 못 견디게 그립다
편히 잠들지 못해 진짜 미칠 지경이다
토네이도니 해일이니 하는 것들이 다 내 미친 짓이라 속단하지 말라

그렇게라도 해야 속이 다 풀리니

그렇다고 언제까지 이런 내 순한 짓이 지속되리라 기대하진 말라
기어코 나 미치는 날엔 하늘도 눈을 돌리리니

태초가 그립다
자유를 맘껏 누리던
그 태초가 몹시 그립다.

# 등 너머 미치지 못했다
―시간 긷기 1

늘 등 돌아앉았지만
나는 여태 그 자리다
함께할 수밖에 없는
빛 그림자로 묶여 있어서이다
허우적거리고 혼절하기 일쑤이던
고통도 황홀하던
눈물 아린 결빙의 날들

그대 떠나지 못해
이제는 빼도 박도 못하는
끝 간 데 모를 깊이에
다가서면 금세 허무러져 버릴 듯
위태로이 앉아있는
야위고 헐거운
그대의 등

그대는 여전히 내 밖이고
나는 등 너머엔 미치지 못한 채
등 뒤에 선 내 안에는
눈물만 차오르고.

# 네게 가 닿으리
—시간 긷기 2

어느 비탈진 음역音域
음지에서 잔뜩 웅크린 시간들
앞으로도 내내 이어지리니

버겁지만
내 눈물을 으깨 갈증 난 네 목을 적시리
환한 웃음 주워 모아 굽어진 네 가슴에 담으리
매목 되어 버린 햇살의 잔뼈들까지 죄 긁어모아
차갑게 굳은 네 몸 데우리

아프지만
비바람은 내가 맨몸으로 맞으며
잘못했다, 회개하리

그렇게 그렇게
천 날을 네게 가 닿으리.

## 내 시간이 부끄럽다
–시간 깁기 4

초등생 시절 어느 날
길게 딴 계집애 갈래머리에 먹물을 흠뻑 처바른 나는
교장실에서 종일 벌을 섰다
고교 시절 어느 늦은 밤 독서실에서 잠이 든 여자 친구
젖가슴을 만지작거리다 필통으로 따귀를 맞아 앞니가
부러졌다

길어 올린 시간마다 온통 부끄러움 뿐이다
부끄러움이 저 잘난 듯 아주 환하다
그 빛은 손톱만큼도 희석되지 않고 저 홀로
생생히 빛난다
그럴수록 나는 그 빛 아래서 작아지고 아담처럼
나를 어디론가 숨기고 싶어진다

버릴 수도 지울 수도 없는 내 생의 시간이기에
또 자주 길어지리라
당당해지는 시간이 부끄러운 시간을 다 뒤덮고도
남을 때까지는
이생을 접는 날까지 절로 길어지며 절로 환히 빛나리니.

# 있지만 없고 없지만 있다
—시간 긷기 5

유년의 시간 넘어
두세 살 이전의 시간은 텅 빈 채다
어미 뱃속의 시간도 아주 깜깜하다
내 생엔 없는 시간
그러나 어미 생엔 있는 시간이니
내겐 없지만 타인에겐 있으니
내게 없다 하여 타인에게 없는 것이 아니다
타인에게 있다 하여 내게 있는 것이 아니다

내 생의 출발점이 이러하고
내 생의 인식이 이러하니
나의 다른 존재 인식은 어떠랴
없다 하여 없는 게 아니다
있다 하여 있는 게 아니다
없지만 있고 있지만 없으니

고독한 몸짓으로
있다, 없다의 경계점에 선다.

# 내 시간은 지금뿐이다
–시간 긷기 6

지난 시간은 자꾸 끊어지고 막힌다
내 생의 모든 시간은
한 편의 영화처럼 태어나면서부터 지금까지
악행이든 선행이든 측간에서 똥 누는 일까지
단 한 올도 단 한 치도 놓치는 법이 없이
통째로 내 생의 필름에 절로 찍히니
다 볼 수 있어야 한다
그런데도 옛날 시골 천막 속 영화처럼 자꾸 끊어진다
어느 시간은 아주 잃어버린 물건처럼 흔적조차 없다
어느 시간은 이렇게 저렇게 편집하고
어느 시간은 아예 칼로 베듯 잘라버리고 싶지만
남 일처럼 지켜보기만 해야 한다
일 초도 내 맘대로 할 수 있는 시간이 아니다
나의 모든 시간은 아주 내게서 떠나
이미 신神의 영역으로 들어가 버린 시간이다
다가올 시간도 내 시간은 아니다

오로지 내 맘대로 편집할 수 있는
내 시간은 지금 뿐이니 두렵다.

## 이생만이 독처獨處하다
-시간 긷기 7

전생은 있을까

이것이 있어 저것이 있고 이것이 없으면 저것도 없으므로* 이생이 있으니 응당 전생도 있어야 하는데 내 시간엔 없다

기를 써 시간을 길어 보아도 전생은 아주 천년 철벽의 어둠에 갇혀 있는 듯 길어 올릴 한 찰나의 시간도 없다

당초에 전생은 없는데 이생 이후 후생이 있어
전생도 있으리란 생각을 일으킬 뿐인지도
아니다 내 생에 전생이 있건 없건
오로지 이생만 인식되므로
이 생은
우주에서 이전에도 이후에도 없는
유일무이한 생이니
가장 고독한 생이니

이생의 생을 최선으로 빛내고
증언하라는 신의 메시지이리.

*〈잡아함경〉에 나오는 연기법칙. 즉 '이것이 있으므로 저것이 있고, 이것이 일어나므로 저것이 일어난다(此有故彼有 此起故彼起), 즉 이것이 있으므로 저것이 있고(此有故彼有), 이것이 생기므로 저것이 생긴다(此起故彼起). 이것이 없으므로 저것이 없고(此無故彼無) 이것이 사라지므로 저것이 사라진다(此滅故彼滅)'의 의미다.

## 날지 못하는 이유

-시간 긷기 8

시작도 끝도 없이 강물처럼 흐를 뿐인데도
관습처럼 잘리고 정의된다
그렇다 하더라도 본디 시작과 끝을 동반하는
단지 길이가 한 찰나이거나 천년일 뿐인
탄생이지만 죽음이거나
새것이지만 헌것이거나
사라지지만 소생하거나
시작과 끝이 한결같지만
촌음도 달라지지 않는 것이 없는 그것

내가 새것에 낯설어하거나 사라지는 것들에 익숙해 하지 못하거나
지금 오늘 이후에 다가오는 그것을 두려워하는 것은 그것의 집착에서 벗어나지 못해서이다

집착하는 것들을 한 치도 남김없이 죄 떨구어 내지 못해 나는 여태 날지 못하는 것이다.

# 죽음과 맞서지 못했다
## –시간 긷기 9

내 시간을 길어보니 일곱 살 어느 날 죽음이라는 말을 외친다
죽으면 죽고 살믄 살지, 하고 언덕에서 뛰어내려 이마 3센티가 찢어진다
아버지가 된장을 바르고 처매주어 시방도 그 상처 고스란히 남아있다
5.18 땐 광주에 있지도 않았다
서울 대학로에서 까닭 없이 솟는 분노를 술로 삭히고 있었을 뿐이다
시민군도 아니던 친구가 총에 맞아 죽었다는 소식에도 광주로 내려가 문상하지도 못했다
죽음에 맞서야 진실로 산다고 매일 거울 앞에서 죽음을 들여다봐야 한다고 했다

내 시간엔 여태 죽음에 맞선 일은 없다
죽음으로부터 도피였을 뿐이다
죽음과 맞서는 일은 이상일 뿐이었다
지금도 여전히 이상일 뿐이다
다만 말로, 글로, 적당히 시늉만 해댈 뿐이다
내가 허접한 시만 써대는 이유이리라.

# 임의 향기
–향기 4

보이지도 않고
만질 수도 없지만
어디든 있지 않은 데 없이 숨어 있다가
어디서든 기적처럼 나타나
열병을 앓게 하는

긴 겨울을 거슬러 온 내 가슴은
아득한 음역音域의 늪에 묻혔으리라 믿었는데
이제는 가슴에 지워지지 않는
문신으로 새겨져
저 홀로 훈장처럼 빛나며
불꽃으로 나를 혼절시키는
임의 향기.

## 3월의 향기
–향기 5

언 땅을 뚫고 펼치는
빛나는 꿈들

경칩도 끌어당기는 복수초의 뜨거운 꽃대
한파도 불사르는 동백의 싯뻘건 입술
임 기다리느라 봉긋 부풀려진
홍매화의 발개진 가슴

빙벽 안에서도 더 낮게 흐르며
더 아픈 곳을 찾아 헤매고
흐드러지게 흘레하는 꿈도 꾸며
설레는 가슴으로 달려오느라
거친 숨소리 내뿜는 푸른 생명들

긴 기다림 끝에 매무새 정갈하게 단정하고
도도한 사랑으로 피어나는

당신 같은
3월의 향기.

## 송기숙 그리고 매화
–향기 6

혼이 나간 듯한
송기숙 선생을 보니
가슴이 먹먹해졌다
빛은 창밖에서부터 꼬꾸라지고
어둠이 세 들어 사는 방
돌부처처럼 앉아있는 허름한 노인
불현듯 허무 덩이가 가슴 속으로 파고든다

현관 앞 홍매화 한 그루
죽은 듯한 가지에서도
잎도 없이 꽃봉오리 맺혀 있다

발 딛는 땅이 갈피 잡을 수도 없고
길도 보이지 않는 유형의 땅이라 해도
결코 내민 손 붙잡고 일어서진 않으리
평생이 추워도 내 향 팔진 않으리

무너진 봄날의 꿈이 환히 지펴지길
꿋꿋이 기다리니라.

*노트 : 송기숙은 장흥 출신의 민족주의 소설가다. 장편소설 '자랏골의 비가' '암태도' '녹두장군' 등이 있다. 송기숙 작가의 댁을 지난 2015년 2월 초엔가 방문했다. 이미 치매로 나를 알아보지 못한 선생을 보기만 하고 먹먹해진 가슴으로 돌아섰다.

7,80년대 유신시절, 독재정권과 싸워 온 '행동하는 지식인'으로 더 잘 알려진 송기숙 작가는 전남대 교수 재직 때 교육민주화선언문 작성(교육 지표 사건)으로 신군부에 의해 구속되며 교수직에서 파면되었고, 1980년 5.18 광주민주화운동으로 다시 구속되어 복역하였다. 당시 복역 중 선생은 전두환 정권의 갖은 회유에도 결코 굴하지 않았던 것으로 잘 알려져 있다.

송기숙 선생의 이러한 의기와 정신을 '매화는 추워도 향기를 팔지 않는다'는 신흠申欽의 시("桐千年老恒藏曲-오동은 천 년을 늙어도 그 음을 간직하고/梅一生寒不賣香-매화는 평생을 추위에 떨어도 향을 팔지 않는다.")를 인용하였다.

# 제4부

일상
아버지 눈물이 그립다
허탕질
소주 한 잔
송년을 맞으며
상처
살아있어 감사하다
생일
인연이라는 것
헛꿈일지라도
내가 꿈꾸는 별
목 꺾힌 들꽃, 뿌리는 남았으니
대법의 꿈 제암에 걸리다
알프혼 부는 어느 목자牧子
사진가 마동욱의 꿈
세계인 애용의 귀족호도를 위하여
에움, 장흥 가무악 꽃 피우리
당신의 꿈, 별이 되어 빛나리니
소리꾼 김효정, 서편제 꽃 피우리
열사여, 우리 더 기억하리라

## 일상日常

–이 또한 지나가리라

하루해가 빗장을 여니
어둠살도 한 움큼 오롯이 괴어오른다
새날인 오늘도 그림자 같은 내 허물은
어디서든 스멀거리며 도사리고
생生을 관통하며 짓뭉갤 모반의 불씨도
숨죽인 채 희번들거리리니
그럼에도 내 생生도 한 방울의 눈물만큼은
향으로 피어나리

순수의 생살이 찢기는 아픔쯤은 감내해야 해
오장 육부 다 드러내며 헤실헤실 거려야 해

허허, 웃는다고 웃는 것이 아니다
단지 소리 죽인 비명을 웃음소리로 드러낼 뿐
마른 낙엽만 쌓인 야산에 불 지르듯
옹이 박힌 사유들을 오래도록 쟁여 담은
가슴속을 확 불이라도 내지르면
내 생生이 환해질까

하루 해 저무니 이 또한 지나가리니*

마음 찌꺼기를 말갛게 빗질해대는
바람에게 잠언箴言을 듣는다

다 부리지 못한 꿈 한두 조각
다 풀어헤치지 못한 그리움 한 올은
별이 되어 떠오르고.

*This, too, shall pass away (이것 또한 지나가리다) : 다윗 왕은 세공사를 불러 반지를 만들라고 지시했을 때, 반지를 다 만든 세공사는 적당한 글귀가 생각나지 않아 며칠 고민하다가 솔로몬 왕자를 찾아가 고민을 털어놓자 솔로몬 왕자가 써 준 글귀가 "Soon it shall also come to pass."(이것 또한 곧 지나가리라)였다고 한다.

이후 이 글귀는 미국 출신의 시인 랜터 윌슨 스미스(Lanta Wilson Smith)가 그의 This, Too, Shall Pass Away(이것 또한 지나가리다): 라는 시에서 이 내용을 새롭게 표현하여 더욱 유명해졌다.

# 아버지 눈물이 그립다

유년의 겨울은 왜 그리 추웠을까요

겨울밤이면 오돌 오돌 떨며 동생들과 이불 싸움도 마다하지 않았지요 간혹 아버지 가랑이로 두 발을 밀어 넣고 우람한 가슴팍에 얼굴 파묻은 채 잠들기도 했지요 아버지는 겨울이면 한 주간이 멀다 하고 쇠죽 쓰는 가마솥에 물을 데워 나와 형제들을 목욕시키시고 바느질 가위를 숫돌에 빛이 나도록 갈아 내 손톱 발톱을 잘라주곤 했습니다

여덟 살이던 어느 날 애들과 장난질하다 이마를 크게 다쳤습니다 운동회 모자로 이마의 상처를 감추었습니다 잠이 막 들었을 때 아버지는 어찌 알았는지 된장 종지를 들고 와 내 이마 상처에 된장을 바르고 처매주었습니다 거의 여닷새 동안 된장을 발라주었습니다

초등학교 5학년 때 아랫마을 순이를 좋아했지요 순희를 따라 교회 학생 수련회를 다녀오던 날 아버지는 두 눈 부릅뜨고 예수쟁이 되려고 하냐며 성경과 찬송가 책을 갈기갈기 찢어버리고 아랫도리를 호되게 매질했습니다

나는 그날 이후 철저히 청개구리가 되었습니다 다니지 말라던 교회도 읍내 중학교 때는 교회에 미쳤다는 소리 들으며 다녔습니다 읍내 자취생활 때부터 술 담배도 해 댔습니다

농번기 때 주말이면 공부해야 한다고 우기고는 만화방에서 진종일 나뒹굴거나 학교 도서관에서 톨스토이와 놀았습니다 아버지는 남들 앞에서 한 사코 말 잘 듣는 착한 아들이라고 나를 치켜세웠지만 나는 결코 착한 아들이 아니었습니다

아버지가 세상을 떠난 지 올해로 15년 째
어느 날 거울 앞에 선 나는 깜짝 놀라고 말았습니다
칠순이 다 된 그 아버지가 거울 속에 서 있었습니다

봄비가 추적거리는 이날
비 오는 날이면 자주 술에 곤죽이 되었던
눈물 한 번 내비지지 않았지만
그런 날이면 빗물이라며 물빛이 번들거리는
눈텅이를 둬 번 훔치고는
나를 으스러지도록 껴안았던 아버지

아버지가 마신 그 술에는
아마 절반 이상이었을 아버지의 눈물
아버지의 그 눈물이 몹시 그립습니다.

# 허탕질

세상의 땅을 벗어나
하늘 가까이 서 보려고 억불산*으로 치달았어
산정에 오르니 하늘은 더 높이 달아났어
산에도 사람이 지천이었어
산도 땅에 잡아먹혀 온통 땅뿐이었어
하산하는 내 발이 후들후들 떨렸어
잠시나마 땅을 벗어나려던 꿈이 헛꿈이 되고 만 거여
산길 한 귀에 핀 진달래가 하늘은 땅에 있는데 하며
혀를 끌끌 차며 비웃었어

어릴 때 산에 오르면 하늘을 만져볼 수 있을까
아버지 따라 자주 마을 뒷산 삼비산**에 오르곤 했지
산 위에서도 하늘은 더 멀리 멀리에 머물러 있었지
산에서 졸다 날개 달고 하늘 나는 헛꿈만 꾸곤 했지
그러고 보니 이날까지 매번 헛꿈만 좇아 살아온
내 생生의 시작은 아마 그때부터였는지 몰라

오늘 이후로도 자주 산에 오르겠지
낮은 땅이나 높은 땅이나 그 어디서 건

늘 우매한 헛꿈을 좇으며

내 생은 허탕질만 해댄 생生일지 몰라.

*억불산 : 장흥읍에 있는 산 높이 518m

**삼비산 : 지금은 일림산으로 불리지만. 예전에도 장흥 사람 겐 삼비산으로 불렸던 시인 고향 마을 뒷산. 높이 664m.

# 소주 한 잔

젊었을 땐 기본이 두세 병
몇 년째부턴 고작 두세 잔
술꾼들, 그게 술이냐며 핀잔주는
가끔 혼자일 때도 생각이 나
홀로 안주 없이도 홀짝거리는
하지만 거리낌 없는 친구 되어주는
요즘 들어 부쩍 찾아지는
중독은 아닌데도
내가 지기知己처럼 스스럼없이
만날 수 있는 소주 한 잔

절망하는 날이 많아서일까
부끄러운 날이 많아서일까
취해야 세상이 웃어주니 그 웃는 세상 보고 싶어
술 마신다던 후배 녀석 혼이 옮아 붙어서일까
세상 하직한 날까지 세상을 탓하며 술에 절어
살았던 아비가 그리워서일까
언제쯤 소주 한 잔도 생각나지 않을 수 있을까
화투 따위에 빠져보면 될까 술 한 잔 못 마시는
여자와 찐한 연애라도 하면 될까

아마 절망하지 않아도 되는 날
누구도 그리워하지 않게 되는 날
발가벗은 채로도
전혀 부끄럽지 않은 그날이 오면
소주 한 잔
생각나지 않게 될 수 있으려나.

## 송년을 맞으며

오늘은 내일이면 어제가 되고
내일은 또 오늘이 되듯
새것은 낡아지고 낡은 것은 또 새것으로 바뀌듯
세월은 강물처럼 흐르며
시계 초침에 실려 갈 뿐이니
삶은 늘 교차점에 서야 한다

무너질 때마다 이 험한 한 굽이 돌면
새 장이 펼쳐지리라는
막연한 기대로 다시 시작하듯
삶은 늘 출발점에 서야 한다

삶은 으레 순조롭기보다 어긋남이 많지만*
뒤돌아보니 부끄럽다
출발할 때마다 다짐은 멀건 거품 되어 사라졌으니
기개 넘쳤던 구호는 허풍이 됐으니
이제 남은 것은 공허한 메아리뿐이니
하지만 또 시작해야 한다
새 다짐으로 다시 시작할 수 있도록
간절히 기도하며.
–2018. 12. 31

*달이 차면 구름이 자주 가리고/꽃이 피면 바람 불어 꽃잎 날리네/세상만사 모두가 그러하니(月滿頻値雲 花開風誤之 物物盡如此)-정약용의 시 '독소(獨笑)'에서 인용하다.

# 상처

살이 찢기며 빨건 피가 돋쳐 약을 발랐지만 상처 흔적이 남았다
난데없이 아픈 듯하여 살피니 상처가 나 있어 약을 발랐다
어쩌다 무심코 살피니 도무지 아픈 기억도 없었는데 아물어진 상처가 저 홀로 남아 있다
오늘 어쩌다 통째로 보니 이런저런 상처투성이다

그간 내 삶은 온통 상처투성이었구나
절로 맺히는 눈물 흘리곤 흐흐 웃고 만다

상처 하나 없는 영혼은 빛나지 않는다 하였으니
상처받지 않는 영혼은 감동이 없다 하였으니
하지만 그럼에도 불구하고
더는 상처 없는 내 생이 오길 꿈꾼다

허망한 꿈일지라도 그걸 위안으로
또 꿈꾸며 다시 웃는다.

# 살아있어 감사하다

2018년 한해 무탈히 보내며 오늘 숨 쉬고 있어 감사하다 초저녁 억불산 오르다 미끄러지며 발목 삐었어도* 간밤에 보일러 등유가 바닥나 덜덜 떨었어도 오늘 살아있어 감사하다 며칠 전 떵떵거릴 만큼 성공한 친구가 갑자기 숨을 거두어 여태 살아있는 내게 감사해 했다

덜 자란 듯 키도 작달막하고 인상도 고약한 빈농 7남의 셋째… 불운하다며 세상을 원망했다 박토에 떨어진 듯 생이 모질고 비참해질 때마다 부모를 탓했다 사회를 탓했다 젊은 날 당연시되던 승급서 밀려난 후 사장 면전 책상에 송곳을 박아놓고 회사를 뛰쳐나오기도 했다 후배가 기천만 원을 떠안겨 몇 해 동안 은행들한테 시달리며 사회를 많이 원망했다

그랬다 늘 그랬다 예기치 않은 불운으로 크게 마음이 다치고 소망하던 일이 좌초당할 때마다 세상을 탓하고 하나님을 원망했다

이젠 넘어지고 주저앉혀도 내가 부족했다며 나를 탓한다

오로지 지금 살아있어 다시 시작할 수 있으므로 만사에 감사해 한다

만나보지도 못한 페이스북 친구들이 '좋아요' 해주고 댓글 달며 격려하고 응원해 주어 그 친구들을 감사해 한다

건강하게 이만큼이라도 일할 수 있는 에너지와 품성을 선물해준 부모와 하나님께 무한히 감사해 한다

이름 날리는 시인은 되지 못한 채 남도 끄트머리 장흥 땅에서 허접스런 시詩나 난발해대는 그렇고 그런 시인詩人일지라도 누가 뭐라든 간에 나만의 시詩 쓸 수 있어 감사하다

돈벌이완 담쌓아 늘 빚더미에 헤어나지 못해도 삼벽三壁**의 장흥 땅에 갇혀 살지만 늘푸른 산하에 머무를 수 있어 감사하다

더러는 내 삶을 인정해주고 응원해주는 사람들이 있어 감사하다

여태 건강한 몸으로 여전히 내가 할 수 있는 일에 매달리며 불태우듯 살아갈 수 있는 내 생이 자

랑스러워 감사하다

매번이기 일쑤이지만 오늘마저도 최선에는 미치지 못했구나 생각하고 남을 더 배려하지는 못했구나 자성하고 나보다 더 아픈 이웃을 눈물로 더 바라보지는 못했구나 자책하며 미련이 남고 아쉬워 할 뿐이다.

*미끄러져 내린 곳이 바위 난간이었고 바로 밑으로 큰 절벽이라 자칫 큰 사고가 날수도 있었다.

**삼벽三壁 : 조선조 중기 호남의 대표적인 실학자로 90여 권의 책을 썼던 장흥 출신의 존재 위백규(1727~1798) 선생이 스스로를 "사는 지역이 궁벽하고(地壁), 성씨가 궁벽하고(姓壁), 사람이 궁벽한(人壁) '삼벽(三壁)'의 장흥에 갇혀 산다."고 토로했던 말을 인용하다. 지금도 장흥은 여전히 남도 맨 끄트머리 지역인 데다 인구도 고작 4만에 불과해 삼벽三壁은 아닐지라도 최소 이벽二壁은 될 듯싶다.

# 생일

나고 보니 박토다
박토라 해도 푸른 하늘 아래 태어났으니 축복이다
우주에서 단 하나뿐인 개성체個性體이니
더욱 축복이다

피고 보니 외진 땅이다
하도 외져 벌 나비도 찾지 않지만
오랜 꿈 펴 하늘 아래 땅 위에 서니
어기찬 축복이다

늘 하늘 우러르며
해와 달과 별과 내 땅의 이웃들을
삿됨이 없이 사랑하며
미친 듯 내 생을 불사르듯 살아가리

'사랑으로 왔다 미친 듯 사랑하며 간다'라는
말 한마디 남기면 족하리니.
—2016.3.14. 64회째 생일을 자축하며

# 인연이라는 것

발에 밟히는 모난 돌멩이 하나
함부로 차버리지 말라
어느 전생의 제 몸일 수도 있으리니
외진 땅에서 꿈 틔우고 꿈 피우는
들꽃 한 떨기 함부로 짓밟지 말라
어느 전생의 제 꿈일 수도 있으리니
어쩌다 스치듯 만나는 저 사람
무심으로 지나치지 말라
같은 시간 같은 곳
같은 사정事情으로 스치는 일은
이생은 물론 설혹 몇몇 생을 돌고 돌더라도
결코 다시는 오지 않을 기적 같으리니

이 땅에서 내 생이
부딪치는 돌멩이 하나 꽃 한 떨기
저 사람 이 사람
내 눈물이 거기 맺혀 있음을
내 마음의 올 하나 거기 머물러 있음을
마음에 새겨야 하리.

# 헛꿈일지라도
-꿈 1

절로 피는 꽃은 없다
아무렇게 피는 꽃도 없다
제 생살을 찢고 제 몸을 터뜨리고서야
한 송이 꽃이 피니 기적이다
모든 꽃들도 지구별에서 오로지 단 하나뿐인 꽃
그 꽃이 진술하는 메시지는
누구도 일구어내지 못하는
그 꽃만의 향기여서 기적이다

그러나 참으로 기적은
몇 번의 업業을 닦아도 아득한 길을 다시 돌아올 수 있을지
눈물 한 방울이 천 날의 밤을 새우며 가슴으로 젖어들어도 다시 잉태될 수 있을지 모르는
앙상히 뼈만 남도록 제 살 다 퍼 주어도
두 손 허예지도록 기도하여도
다시 만날 수 있을지 모르는
지구별 지금의 나의 생生이니

그러므로 생의 그 환한 빛에 이르는 길이
눈물의 길일지라도
나는 그 환한 날의 기적을 꿈꾸리니
헛꿈에 그칠지라도
내 눈물이 마르지 않는 한 멈추지 않으리니
내 생이 다 닳을 때까지.

## 내가 꿈꾸는 별
–꿈 2

그는 숲으로 갔습니다
생전에 그는 밤이면 빛나는 하늘의 별을 꿈꾸었습니다
누구나 그러하듯이 그도 생을 마치며 숲으로 갑니다
그는 별이 되리라는 의지로 숲으로 갔을까요

그저 갔든 맘먹고 갔든 숲으로 간 사람들은 다 별이 되는 꿈을 꾼다고 합니다
사람들이 후생에 별로 태어나는 곳이 숲이라고 합니다
생전에 티 없이 맑고 선한 어린이 같아야 별이 된다고 합니다

별을 꿈꾸어도 다 별이 될 순 없을 테지요
목숨을 사위어 숲으로 가도 다 별이 될 순 없을 테지요
그는 과연 하늘의 별이 되었을까요
아직도 저 숲에서 하늘별을 꿈꾸고 있을까요

푸른 어둠이 더 퍼렇게 짙어지면 수많은 별똥별이 숲으로 쏟아집니다

별똥별이라고 말하지만 실은 별똥별이 아닙니다

하늘로 올라가 하늘을 헤매다 별이 되지 못하고 땅으로 떨어지는 그 숲의 슬픈 넋들입니다

수많은 넋이 밤마다 푸른 하늘로 오르지만 힘이 부치는지 별이 될 자격이 없어서인지 다시 숲으로 떨어져 내립니다

아마 수천 년 하늘별이 되지 못한 넋들도 있을 것입니다

오늘도 나는 숲을 거닐며 별이 되지 못하고 숲으로 떨어져 잠들어 있는 넋들의 등을 밟습니다

내 어미 아비 할애비 할미의 넋일지도 모르는

나도 별이 되는 꿈을 꿉니다

하늘별이 아닙니다

지구별의 생이어서 목숨 끊어지면 푸른 지구별 어딘가에 절로 묻힐 것입니다

빛도 없는 미미한 존재로라도

내가 지구별 생에 미치려는 이유입니다
현생에서 허망한 꿈으로 지치고 그럼에도 꿈꾸며 꿈으로 살아온 목숨
후생은 꿈의 한 올조차 없는 생이 되도록
후생에선 감히 별이 되려는 꿈같은 건 생각조차 없도록
마지막 꿈인 시詩의 생에 미치고 또 미치어 가며

기력이 송두리째 사그라지고
마지막 남은 단 하나의 생각조차
불태우리라는 꿈을 꿀 뿐입니다.

# 목 꺾인 들꽃, 뿌리는 남았으니
—꿈 3

하늘도 함께 즐긴다는 상월上月
그리고 갑오일甲午日
들꽃 한 송이 남녘 그늘진 제 땅 떠나
빛 아래 설 수 있다는 땅으로 달려와
제 설운 메시지 하늘에 채 고하지도 못했는데
목이 무참히 꺾이었다
제 땅에선 수천 번도 더 맞았을 물벼락에

물은 순하디 순한 기운
하지만 홍수 되면 모든 장애물도 뛰어넘으며
온 땅을 뒤덮고 범람한다

정작 두려운 것은
망나니의 번득이는 시퍼런 칼날이 아니다
전장에서 불꽃 튀기는 총알도 아니다
부드러운 기운 뒤에
철벽으로 무장한 폭수暴水다
Yahweh도 노아 때 홍수로 심판했으니
미친 폭수가 이 땅을 죄다 뒤덮을 수도 있음이라
이 시대 들꽃들이 두려워하지만

진정으로 숨죽이지 못하는 이유이리

하지만 폭수暴水가 홍수 되며
이 땅을 다 수장시킨다 하여도
세상을 집어삼킨 노아 홍수 이후 새 세상이 열렸듯
홍수 이후엔 새 땅이 열리리니
그 들꽃도 제 고향엔 여전히
뿌리들이 살아있어 동토의 한철 지나
창대한 화원으로 번창하는 날이 오리니
들꽃들이 물벼락을 기억하며
그날의 꿈을 공유해야 하는 이유이다.

*노트 : 이 시는 전남 보성 출신 백남기 농민이 2015년 11월 14일 민중총궐기 집회에 참석했다가 서울 종로구 서린 교차로에서 경찰의 살수에 의해 쓰러져 치료를 받던 중 2016년 9월 25일 사망한 사건을 인용하여 쓴 시다

## 대법의 꿈 제암에 걸리다
-꿈 4

남녘에도 한파의 기승이 맹위를 떨치던
2018년 1월 27일 새벽녘
대법大法스님이 이승을 하직하였다

노구에도 제암산 불국정토 실현을 위해
밤낮을 잊었던 대법
끝내 꿈을 땅으로 끌어내려 뿌리내리지 못한 채
허망하게 그 꿈 접었다
너무 큰 꿈이어서 헛꿈이 되었을까
그럼에도 스님은
그 꿈 눈 덮인 제암帝岩에 걸어두었을 터
뉘라서 그 꿈 자락이나마 끌어내릴까

"어이 김시인 오늘 살아있어 큰복이네여이
오늘도 꿈 꿀 수 있으니…."

내 등짝이 자꾸 베이는 듯 얼얼해지니
극락 가는 걸음이 멈칫멈칫해서인가요
스님이 못다 이루며 남긴 꿈을 생각해서인가요

진종일 내 가슴이 무너져 내리고 있다.

*노트 : 대법 스님은 제암산 기슭 제왕광불사 주지로 사찰 주변 2천만 평 부지에 불국정토 실현을 꿈꾸었다. 그 중의 하나가 2015년에 불사를 일으킨, 세계 최대 규모의 청동좌불상(높이 108미터, 건물 40층 높이) 조성 불사였다. 청동좌불상 조성 불사는 스님이 간신히 터만 닦아 놓았지만, 조만간엔 잡초로 뒤덮일 것이다.

# 알프혼 부는 어느 목자牧者
–꿈 5

땅이 기름져 풀이 잘 자라고 공기 맑고 티 없는 산수 좋아 정남진에서 이전 생生과 다른 생生을 산다는 이가 있습니다 이 땅에서 유일하게 풀만 먹인 소 기르며 꿈 하나 키우는 한 목자牧者입니다 일과 외는 아득한 남해를 보며 알프혼을 부는 일이 유일한 그의 낙입니다 알프혼 소리가 브람스의 혼을 깨워 명곡 하나 만들어 건네주길 꿈꿉니다 알프혼 소리가 먼 바다를 타 넘고 저 막막한 우주 공간도 뚫고 시간도 넘어서며 어느 별 알프혼 소리와 교감되어 그 별 알프혼 소리를 듣길 꿈 꿉니다

그는 어느 전생엔간 알프스 목자牧者였으며 수십 전생 어느 쯤엔간 지구별이 아닌 초지 가득한 어느 별에서 목동이 되어 알프혼으로 다른 별들과 메시지를 나누었다고 믿습니다 우리 생生은 자연을 경외하며 자연 속에 살았던 태초의 생生으로 돌아가야 한다고 믿습니다 이 땅에 생겨난 이래 수 만 년의 생生을 거듭해 온 소도 본디의 제 생生으로 돌려줘야 한다고 믿습니다 그런데도

자기 메시지는 씨알도 먹히지 않는다며 다음 생生은 아예 초지에서 소 키우며 알프혼 불었을 고향별로 가리라는 꿈을 꾼다고 합니다 지구별 정남진의 생生이 너무 외로우면 알프스며 옛 고향별을 생각하느라 알프혼을 분답니다 지구별에서 티 없는 제 흔적을 남기기 위해서 소에 풀만 먹이며 키운답니다

그런데 몇몇 별을 헤매야 옛 고향별에 이를지
몇몇 생을 돌고 돌아야 고향별에 태어날지
오늘도 그가 지구별 정남진에서
미친 듯이 알프혼을 부는 이유입니다.

*노트 : 이 시는, 장흥군 대덕읍 월정리에서 전국에서는 유일하게 풀만 먹이는 한우, 즉 '풀만 먹인 한우 농장'의 주인 조영현 씨의 이야기다. 그는 소 사육에서 배합사료나 볏짚도 먹이지 않고 오로지 풀만 먹이는데, 전문가들은 풀 먹인 쇠고기는 옛날 쇠고기 맛 그대로 진한 풍미로 찰지고 깊은 맛을 느낄 수 있다고 평가한다.

스위스 상징이기도 한 알프혼은 옛날 알프스에서 소를 키우던 목동의 도구로 날씨가 불순하거나 쾌청할 때 서로 간의 신호 도구로 쓰였고, 소젖을 짤 때도 소를 진정시키는

도구로 쓰였다는 스위스 전통 악기다. 요하네스 브람스는 1868년 어느 날, 알프스 어느 산장에서 알프혼 소리를 듣고 그 멜로디를 메모하여 그 유명한 '심포니 제1번'의 테마로 삼기도 했다고 한다. 이처럼 알프혼과 소, 목동과의 관계는 깊다. 정남진에서 풀로 먹인 한우를 사육하는 '진짜 목자牧者' 조영현 씨가 알프혼 연주자이기도 한 현실적인이유일 듯싶다.

## 사진가 마동욱의 꿈
-꿈 6

고시촌서 공부하며 법관을 꿈꾸었으나 교도관이 되고 소방관이 되었다 소방관이었으나 사진에 빠져 사진가가 되었다 탐진강에 댐이 들어서며 마을이 물에 잠기게 되어 귀향하였다 물 길이 막힐 강과 수장될 마을을 사진으로 영상으로 담기 시작하였다 '아, 물에 잠길 내 고향'이라는 수몰 마을 사진집을 펴냈다 부천에서 서울에서 장흥에서 마을 사진전을 여니 기자들이 마을 사진가라는 닉네임을 붙여주었다

탐진강과 고향 마을을 카메라로 담는 작업이 본업이 되었다 KBS 신문학관 '나는 집으로 간다'의 주인공이 되기도 하였으며 내가 주인공인 KBS 일요스페셜 '탐진강 사람들의 고향 일기'가 특집으로 방영되기도 하였다 어떤 시인은 줄창 생계는 나 몰라라 사진에만 매달리는 나를 동키호테라 불렀다 목포에서 문산까지 한 달간 철길을 걸으며 동행한 이대흠 시인이 글을 써 '그리운 사람은 기차를 타고 온다'는 사진 에세이집을 엮기도 하였다 어느 시인과 한 달간 러시아 불라디보스톡으로 건너가 시베리아 횡단열차를 타고 러시

아를 횡단하였다 러시아 횡단역 도시에서 한국의 마을 사진전을 열기도 하였다 러시아 기행 풍물을 담은 '시베리아 횡단열차는 달린다'는 기행 사진문집을 펴내기도 하였다 한 달간은 미국으로 달려가 도시를 순회하며 한국의 농촌마을 사진전을 열기도 하였다

절망하고 좌절했던 날들이 얼만큼이었을까 또 얼마나 많은 날이 위태위태 했을까 아내는 또 얼마나 많은 밤을 눈물로 지새웠을까 그럼에도 반생을 사진가로 열정을 불사르며 펴낸 사진집이 10여 권, 전시회가 30여 회, 방송 출연이 50여 회, 마을 사진이 80만여 컷이니

나는 사진 기록으로
사라져가는 마을의 일그러진 얼굴
아프다 호소하는 가련한 표정
반세기 후쯤이면 아예 사라져갈 마을 속내에 담긴
진득한 아픔과 고독을 담으려고 애썼다
요즘에는 하늘에서도 마을을 담고 있다

하지만 마을의 아픔을 간신히 1할만 담아내고 있다는 생각이다

여전히 마을 사진에만 투신하는 이유이다

하늘에서 본 장흥, 하늘에서 본 강진, 영암 사진집도 펴냈다

하늘에서 본 보성, 고흥도 사진집으로 엮어진다

남도의 모든 마을들도 죄 담아지리라

거칠었던 그 질곡의 시간과 절절한 애환을 빼꼭히 쟁여 담은 남도의 마을들이 죄 사진으로 기록되리라

이제 마지막으로 꾸는 꿈

마을 사진 1백여 장을 상시 전시할 전시관을 마련하는 일이다

결코 포기하지 않는

결코 포기할 수 꿈이다.

―'하늘에서 본 장흥―고향의 사계와 마을 이야기' 마동욱 초대전'에 부쳐 (2019.10.9.)

# 세계인 애용의 귀족호도를 위하여
—꿈 7

농업지도직 공무원이었을 때 장흥산 토종호두를 연구하다 꿈을 꾼다 백두산 천지 가에 돗자리 깔고 앉은 두 신선神仙이 바둑을 두고 있다 호두알을 만지작거리며 느긋해 하던 신선이 매번 바둑을 이긴다 대한반도 남쪽 끄트머리 장흥산 토종호두다

지구별에서 유일무이한, 신선도 애용하는 손 운동용 장흥산 토종호두… 최상의 건강 상품으로 만드리라

공직도 때려치우고 호두에만 매달렸다 '귀족호도'라는 새 이름도 지었다 퇴직금 쏟아붓고 은행빚도 얻어 귀족호도박물관도 지었다 귀족호도 재배도 성공하여 여러분에게 호도나무 묘목도 분식해 주었다 여기저기 사방팔방으로 상품으로 팔고 손 운동 천연 상품으로 널리 널리 홍보하고 서울 유명 백화점에 30만 원에서 3백만 원까지 팔리는 수백 개 귀족호도를 입점시켰다

한 해 귀족호도박물관엔
관광객 3만여 명이 찾는다
귀족호도에만 매달린 지 30여 년
불치의 치매가 뇌의 혈관장애가 만연되어가는
불안한 100세 장수시대
대한민국에서 유일한 무병 예방의
천연 손 운동 상품으로 자리잡은
장흥산 토종호두 귀족호도

김재원*의 꿈…
아직 끝나지 않았다
귀족호도가 대한민국을 넘어
지구촌 어르신들이 두루두루 애용하는
세계인 100세 장수 최상품으로
우뚝 서게 되는 날이 오는 꿈이.

*노트 : 이 시는 장흥군 '귀족호도박물관' 김재원 관장의 꿈 시다. 온대ㆍ아열대지역에서 자라나는 식생 호두는 9속 63종이 있다. 이중 중국에서도 생산되는 손 운동용 호두는 장흥에서 '귀족호도'로 불린다(호도의 표준어는 호두). 귀족호도는 식용호두와 달리, 껍질이 두껍고 속은 거의 비어 있

지만 망치로 두드려도 깨지지 않을 만큼 단단하여 손아귀 운동이며 지압 효과가 뛰어나 조선조 궁중에 진상되기도 하였던 손 운동용(손놀이용) 호두이다.

장흥의 귀족호도는 수령 100~300년 된 토종 호두 중 돌연변이로 추정되는 30여 그루(수령 300년 된 나무도 10그루가 있다. 그동안 장흥군 유치 등 장흥군 전 지역에 많이 분식되어 현재는 100여 그루가 분포되어 있다)에서 생산되는 희소품이다, 이 호두는 식용호두와 한국산 토종호두 '가래'와 자연교배로 이루어진 특이한 변종 품목으로 여겨지고 있다.

# 에움, 장흥 가무악 꽃 피우리
-꿈 8

하늘도 축복하듯
은성한 햇살이 온 누리 에워싸는 날
탐진강변의 에움 앞마당

풍류를 닮으려는 사람들이 한자리에 모여
가무악歌舞樂 감흥을 가슴에 담는다
팔팔히 돋아나는 신명난 노랫가락으로
하늘 자연을 담은 빛나는 몸짓으로
기악과 어우러진 그윽한 화음으로
감흥이 이는 달달한 난장판 펼치니
사람들 가슴엔 풍류의 흥이 물결치고
찌든 얼굴엔 주름살이 펴진다

천사가 강림하듯 무희가 정중동靜中動 춤사위로
천리의 화육化育 순리順理 메시지 펼치니
오래 묵혀진 한恨으로 얼룩져 온
탐진강 얼굴도 환히 만개한다

에움 앞마당에 가득 피어나는
가무악의 에네르기들

너나없이 한껏 풀어내는 감흥의 소리들

"자응*은 이랑께 살기 좋아뿌러이"

에움의 꿈은
천년을 이어왔지만 어느샌가 잊혀져버린
장흥 가무악을 찬연히 꽃피우는 일이다.

*자응 : 장흥 사람들은 '장흥'에 대해 쓰기는 '장흥'으로 쓰고, 읽기는 '자응'으로 읽는다

*노트 : 이 시는 '가야금연구소 에움'의 서혜린 씨 꿈 시다. '에움'은 장흥읍 순지리 410번지 탐진강 변에 위치한 장흥 국악 터이자 청소년 가야금 연주단이 있는 곳이다. '에움'은 장흥 전통 국악의 맥을 이어갈 예술인 또는 국악 영재를 발굴, 지원하여 장흥의 문화예술 발전에 기여하겠다는 뜻으로 2018년 창단된 장흥군 최초의 국악연주단이다. '에움' 대표로 가야금 연주자인 서혜린은 '에움'을 개원한 이래, 장흥의 각종 문화현장에서 가야금 연주 등 무대공연으로 장흥의 전통 국악의 부흥과 풍요로운 장흥문화 활성화에 주력해 오고 있다.

지난 10월 19일 '에움' 마당에서 감흥이 넘친 '소리·무용 퓨전국악'의 '가을 감성 자극 공연'을 가진 바도 있다.

## 당신의 꿈, 별이 되어 빛나리니
–꿈 9

닳고 단 누더기 같던 헌옷
덕지덕지 먼지 낀 운동화
덥수룩한 수염 돋은 꾸밈없는 얼굴
만사의 시름도 잊게하던 너털웃음

거칠지만 가식 한 점 없던 생활이 자연 그대로 판박이었지만 그 외양 안에 옹골찬 열정이 차고 넘치고 늘 말보다 행동이 앞섰던 사람

대학도 포기하고 뛰어든 환영운동으로 혼기도 놓쳐 끝내 홀몸으로 이승의 삶을 거슬러 타오르다 기어코 늘 버거웠을 그 삶을 허옇게 불사른 사람

사람과 자연은 유기적으로 맺어진 생명의 순환이다, 사람과 자연은 대립 갈등을 넘어 하나 되어야 한다, 자연은 한 번 부서지면 원래 회복이 쉽지 않으니 사람은 자연과 공존하던 본디의 사람으로 돌아가야 한다 …30년을 목 아프게 부르짖다 기어이 그 자연 속으로 돌아간 사람

기운이 쇠약해지며 마지막 10여 년은 힘겨웠을 그 현실을 다 내려놓고 토담집에 은거하며 자연의 삶을 구현하다 자연 속으로 돌아간 차준엽*

형이 이루지 못한 채 남기고 간 꿈 오래도록 별이 되어 빛나리니.
-2017.10 27 차준엽 형을 떠나보내며

*차준엽 : 1949년 서울에서 태어난 차준엽은 1990년 환경단체 '자연의 친구들'을 만들어 환경운동에 헌신했다. 환경운동가로 활동하는 동안 그의 전적은 '10전10승'이라고 할 만큼 눈부셨다. 특히 1991년 북한산 방학동에서 아파트 건설로 800년 수령의 은행나무가 고사 위기에 직면하자, 은행나무 살리기를 위한 15일 단식농성으로 당시 사회에 큰 반향과 감동을 주었던 일화는 유명하다. 이러한 환경운동으로 1997년 '환경 노벨상'으로 불리는 유엔환경상(UNEP글로벌500), 2002 올해의 환경인상 등을 수상하기도 했다. 1999년 국회 환경포럼 자문위원을 지내기도 했다.

차준엽은 환경이 주요 정책의 의제가 되면서 환경단체가 제도권으로 들어가던 시점이던 2000년 대 초 환경운동 일선에서 물러났다. 자연인으로 돌아가 차준엽은 서울과 시골을 오가며 경기도 봉미산에서 자연농업을 시도하고 환경 훼손 현장을 기록하는 등 환경 사진가로 활동하며 두 차례 사진전도 열기도 했다. 그리고 2013년 지리산 방면으로 여행을 다녀오다가 충남 논산시 대둔산 기슭의 작은 마을에 머무르게 되었고 거기서 폐가 하나를 임대하여 토담집을 지어 살다 2017년 2017년 10월 26일 그 토담집에서 지병으로 생을 마감했다. 본 시인과도 각별한 인연이 있었다.

# 소리꾼 김효정, 서편제 꽃 피우리
–꿈 10

조선조 말 대원군을 감동시킨 박유전의 더늠 가풍 강산제江山制로부터 비롯된 장흥 소리는 부사고을 장흥 옥암면 강산리에서 정재근 정응민 정권진으로 이어지며 서편제로 찬란한 꽃을 피웠다

장흥부 남산공원 기슭에는 신청神廳이 터를 잡아 신흥재 주화종은 장흥 소리로 한양까지 위명을 떨치고 명창 김녹주 가야금 명인 최옥삼도 배출하니 부사 고을 장흥은 가히 서편제 본향이요 남도국악의 요지라

오늘에 이르러 소리에서 유영애 문효심 김효정 명창이 배출되고 한때 명창 유영애도 장흥서 국악원 열며 장흥 서편제 부흥을 꿈꾸기도 했으나 관부官府의 무관심으로 기어이 꿈을 접었고 전국가무악제전이 16회째 치러지며 서편제 향맥을 간신히 이어오다 이마저 폐지되니 장흥서편제는 고사 위기로 내몰린다

소리 익힌 김효정이
다시 서편제 부활 꿈꾸며
홀로나마 서편제 향맥 잇느라

천신만고로 고군분투하니
아, 그 노력이 실로 가상하도다

나목裸木은 빈 몸뚱이로
동토凍土에서 화사한 봄날을 꿈꾸고
사람은 사라지되 위대한 예술은 길이 남아지니
장흥 소리꾼 김효정이
동토의 나목 같은 오늘을 근근이 버텨내며
서편제 움 틔우기에 매달리는 이유는
오로지 서편제 본향의 전통이 길이길이 빛나며
찬란히 만개할 꿈을 꾸어서이다

비록 헛꿈으로 그칠지라도
내내 진득히 꾸는 또 다른 꿈 하나
"네 장흥 소리가 가히 대한에서 제일이구나"는 *
소리를 듣는 일이니.

*조선 조 말 박유전은 판소리로 흥선 대원군을 감동시켰는데, 박유전이 장흥부 강산리 출신임을 안 대원군이 "너의 소리가 가히 제일강산이라 할 수 있구나"고 칭송했다고 하는 말에서 인용했다. 이후 박유전의 더늠 가풍을 '강산제

(江山制·岡山制)로 부르게 되었고, '강산제'는 서편제의 대칭으로 일컫게 되었다.

*노트1 : 이 시는 장흥의 소리꾼 김효정의 꿈의 시다. 소리꾼 김효정은 전남대학교에서 판소리를 전공했다. 서울대학교 동양음악연구소에서 국악지도자과정을 이수하였고, 전라북도 무형문화제 제2호 판소리 이수자기도 하며 장흥출신 명창 '금당 유영애 소리 보존회' 장흥군지부장을 맡고 있다. 장흥에 살며 판소리를 익힌 김효정은 '김효정 판소리 연구소'를 개소하여 장흥에서 판소리 보급과 활성화를 위해 노력하고 있다. 또 어린이를 대상으로 한 '어랑어랑예술단'을 결성, 꿈나무들을 중심으로 판소리 등 장흥 국악 진흥을 주도해 오고 있다.

*노트2 : 장흥의 명인 명창들로 '최옥삼 가야금 산조'라는 유파를 탄생시킨 장흥 출신의 천재 가야금 명인이었던 최옥삼 ▶'남도창'이라는 독특한 창법을 개발한 장흥출신의 명창이었던 주화종 ▶신채효의 족재로, 형 신평재, 주화종 등과 함께 장흥을 소리와 가락의 고을로 만들었던 주역으로 수차례 전국명창대회에서 특상을 받으며 중앙에서 인정받았던 대가였던 신홍재 ▶1938년 5월 16일 '조선일보사 주최 제 1회 조선소리현상 경창대회 1등'을 차지했던 장흥 출신의 명창 김녹주 등이 있었다.

## 열사여, 우리 더 기억하리라

-고 김준배 열사 22주기에 부쳐

-1-

열사여, 김준배 장흥 열사여
그대 지랄 같았던 이 세상 떠난 지
어느덧 스물 두 해째이구려
정남진 장흥서 광주로 올라가며 큰 사람 되어 오리라
나를 태워 세상 불길이 되리라 다짐했지만
불의 부정한 세상과 맞서 싸우다
기어이 스물일곱 나이에 산화되어
오랫동안 병원에서
싸늘한 주검으로 방치되며 누워있다
한 달 만에야 망월동 민주 묘역에 영면하게 되었을 때
산 자인 우리 가슴이 무너져 내렸소

그대 떠난 지 12년째 되어서야 비로소
그대 신념에 불씨 지폈던 장흥 동학 영령들이 잠든
석대들녘 산기슭에 그대 추모비 세우던 날은
우리도 울고 장흥 하늘도 울고 탐진강도 울었다오

장흥 동학의 후예로
동학 정신을 가슴에 석비처럼 새겨 담고

끝까지 굴하지 않고
철벽같던 불의 부정한 기득 권력과 싸웠던
신념의 강자로 민주 정의의 한세상 위하여
청춘을 치열하게 불살랐던 김준배 열사여
우리는 오늘도 그대 이름 외쳐 부르지만
그대의 해 맑은 미소는 여전히 볼 수 없어
가슴이 미어진다오

-2-

억불산 오르며 청정한 기상을 품었을
득량 앞바다 바라보고
탐진강 거닐며 정의 신념을 담았을
늘 저 푸른 나뭇잎이던 그대
민주 세상 통일 세상 위하여 오체투지 열정으로
나 태워 세상 불길 되리라던 강철 투지로
'나 살기 위해 불의와 결코 타협하지 않는다
한 번 살기 위해 우회하지도 않는다
영원히 살기 위해 원칙과 정도의 길 갈뿐이다'*는
굳센 의기義氣를 가슴에 쟁이고 쟁여 담았던 그대
그대가 남긴 정의 구현 신념이

지금도 불의한 압제를 난타하는
장흥 버꾸놀이판 쇠북소리로 울리고
장흥 의인의 붉은 불기둥으로 우뚝 솟아
우리 가슴에 훨훨 불타고 있소
우리 가슴에 훨훨 불타고

그대는 갔지만 한낱 죽음으로 간 게 아니오
산 자들의 부끄러움도 죄다 홀홀 죄 뒤집어쓴 채
오욕의 역사 불사르려던 그대 투혼이
싱싱한 부활의 꽃으로 피어나고 있소
어기찬 민주 승리를 향한 깃발로
힘차게 휘날리고 있소

열사여, 김준배 민주 열사여
그러나 돌이켜 보노라니
우리 해마다 그대를 추모하지만
늘 정성이 미치지 못하여 부끄럽소
우리 그대 추모비 옆에 추모관 하나
지어드리지 못하여 심히 부끄럽소
우리 그대의 높은 뜻과 얼을 더욱

선양하고 현창하지 못하여
더더욱 부끄럽고 부끄럽소

-3-
그럼에도 열사여
그대는 여전히 우리에겐 죽지 않았소
장흥의 영원한 열혈 청년 표상으로 살아남았소
지금도 두 눈 시퍼렇게 뜨고 우리를
모질게 질타하는구려
그러므로 열사여, 김준배 민주 열사여
민주 실현과 통일의 그날까지
그대 우리 가슴속에서
힘차게 출렁거릴 강물로 흐르리니
뜨거운 목소리는 장흥 버꾸놀이판 쇠북소리로
정남진에서 백두산까지 당당히 울려 퍼지리니
우리도 이제 장흥 동학의 후예로
그대 먼저 보낸 부끄럽게 남은 산 자로
가슴 활짝 열고 당당히 그대 맞으리니
그대와 함께 밝아오는 민주의 새 역사 꿈꾸리니
그대 정신 이어받아 더 힘 모으고 더 정진하여

정의 민주 실현에 뛰쳐 나서리니
우리 이제 내내 그대의 신념을 말하리니
우리 이제 내내 그대의 늘 푸른 의기를 말하리니
우리 이제 내내 그대의 맑고 밝았던 청년 사랑을 외치리니

장흥의 열사여
장흥의 민주 열사여
김준배 열사여
이제는 무거운 짐일랑 다 내려놓고
편히 영면하소서.
-2019년 9월 16일 고인의 22주기에 부쳐

*고인의 유작 노트에 인용하다

*노트1 : 장흥 출신으로 당시 한총련 투쟁국장이었던 김준배 열사는 1997년 9월 15일 광주시 오치동 청암 아파트에서 전남도경 형사기동대의 검거를 피하다가 추락(경찰, 추락사로 발표), 16일 새벽 0시 33분경 사망했다. 이후 남총련, 한총련, 각 시민단체 등의 주도로 전국 각지에서 경찰의 살인검거 등에 대한 규탄대회가 열리고, 국회에서도 문제가 제기되면서 장례가 미루어지다 10월 19일 장례가 치러졌다.

2002년 의문사진상규명위원회 조사 결과, 경찰이 화단에 떨어진 김준배를 발견하고 넘어져 있는 고인을 여러 차례 발로 밟고 몽둥이로 가격하여 죽였다고 밝혀내며, 고인은 위법한 공권력의 사용으로 숨졌다고 인정했다. 이후 2004년 민주화운동 관련자 명예회복 및 보상심의위원회에서 김준배 열사를 민주화운동 관련자로 인정했다.

*노트 2 : 김준배는 1989년 광주대학교에 다니면서 한총련 투쟁국원으로 활동했는데 특히 '5.18 특별법 제정을 위한 광주학살 진상규명 및 책임자 처벌' 투쟁을 주도하였다. 또 1997년에는 제5기 한총련 투쟁국장으로 활동하면서 노동악법철폐, 김영삼 정권의 대선자금 공개, 교육재정 확보를 위한 100만 학도 총투표를 통한 총궐기, 한보비리 사건에 대한 책임자 처벌, 노동법과 안기부법 날치기 통과 규탄 등의 투쟁을 기획하고 주도하였다가 지명 수배를 받았고 이후 검거 과정애서 공안경찰에 의한 공권력으로 운명하였다.

## 작품해설

# 사랑과 그리움의 시학

–김선욱의 시집 〈등 너머의 사랑〉에 붙여

백수인/시인, 평론가. 조선대학교 교수

인간이 가지는 고유한 욕망의 한 형식으로 드러나는 사랑은 인간 내면의 정서이며 사회적이고 심리적인 현상이다. 사랑은 인간이 서로 공유하는 정서적, 의지적 지향 중에서 가장 중요하고도 본질적인 것 중의 하나이다.

따라서 서정시에 있어서 사랑은 매우 중요한 본질이다. 미국의 심리학자 로버트 스턴버그는 '사랑의 삼각형 이론'에서 사랑은 세 가지 구성 요소로 이루어진다고 한다.

세 가지란 '친밀감', '열정', '개입'을 말한다. '친밀감(intimacy)'은 상대방을 가깝게 생각할 뿐만 아니라 삶의 여러 문제를 서로 주고받는 '친숙한' 상태를 말한다. 반면에 '열정(passion)'은 사랑하는 사람에게서만 느끼게 되는 강렬한 욕망이다. 그리고 '개입(commitment)'은 상대방의 생활이나 행동에 끼어들 정도로 상대의 삶과 많이 얽혀있는 상태이다.

그는 이 세 가지가 모두 갖추어져 있을 때 완전한 사랑이며, 이 요소들 중 하나 또는 두 가지가 있고 없고에 따라 여러 가지의 사랑이 가능해진다고 한다.

김선욱의 시는 자아가 열정적인 사랑의 상태에 있음을 보여준다.

서정시에서 자아가 독특한 상태에 처해 있음은 보편적으로 받아들여지는 사실이다. 그의 시에 드러난 사랑의 상태는 열정적인 '그리움'의 추구로 나타난다.

죽은 듯 적요해서
아무도 찾아오지 않는다고 외로운 것은 아니다

허기진 겨울바람에 입술은 퍼렇게 질린다
푸른 피부는 부들부들 떨린다
뼈 마디마디 관절마다 얼어붙는다
그렇다고 사랑이 죽은 것이 아니다
동안거冬安居에 들었을 뿐이다

사랑은 사랑 안에서 침몰하고
사랑 안에서 다른 사랑은 움 틔우니

잔인한 세월을 건너가며
눈물 빛 환한 날을 꿈꾸는
저 겨울강.

-「그리움도 동안거에 드니 -겨울강 1」전문

이 시는 '아무도 찾아오지 않는' '죽은 듯 적요'한 겨울강의 내면을 그렸다. '겨울강'은 극한 상황에 처해 있다. '겨울강'은 '허기진 겨울바람' 때문에 '입술은 퍼렇게 질'려 있고, '푸른 피부는 부들부들 떨리'고 '뼈 마디마디 관절마다 얼어붙'어 있다. 그러나 결코 절망하지 않는다. '겨울강'은 '아무도 찾아오지 않는다고 외로운 것이 아니다', '그렇다고 사랑이 죽은 것이 아니다'고 자신의 마음을 다독인다. '동안거(冬安居)'에 들었을 뿐이라는 것이다. 알다시피 '동안거'란 승려들이 외출을 금하고 참선을 중심으로 수행하면서 마음의 겨울을 건너는 일을 말한다. 이 문법대로 말하면 동안거에 들어 찾아오지 않은 사랑과 그리움은 승려의 동안거와 같은 수행을 행하고 있는 중인 것이다. 그래서 '겨울강'은 "잔인한 세월을 건너가며 / 눈물 빛 환한 날"을 꿈꾸는 것이다. "사랑은 사랑 안에서 침몰하고 / 사랑 안에서 다른 사랑은 움틔우"게 되기 때문이다. '눈물 빛 환한 날'과 '사랑 안에서' 틔운 다른 사랑의 움은 희망이며 긍정이다. 이처럼 김선욱의 시에서의 미래 시간은 희망과 긍정의 시계를 지향한다.

한동안 얼음장 밑에서 더 웅크리고
나 있는 줄도 모르고 까맣게 잊으면 되리
쪽빛보다 쪽빛에서 나온 빛이 더 푸르고
물에서 나온 얼음이 물보다 더 차듯
생生도 다시 빚어 태어나는 생이
더 빛날 수 있으리니
나, 허리 펴고 세상 밖으로 고개 드는 날
내 몸빛은 더 환하게 빛나리니

–「쪽빛보다 쪽에서 빚은 빛이 더 푸르다
-겨울강 3」 중에서

이생에서 너 만남은 큰 축복이었다
여전히 변하지 않은
내내 변하지 않을
우리의 눈물 사랑
너는 내게 눈물로 스미고
나는 네게 눈물로 빨리는
우리의 생이 너무 아프구나

지금은
네 몸이 으스러지도록 껴안고 울리니
너는 울부짖으리
우리의 사랑이 저 환희의
빛 무리에 이를 때까지.

–「눈물의 사랑 –천관산 억새 3」 중에서

「쪽빛보다 쪽에서 빚은 빛이 더 푸르다 -겨울강 3」에서의 화자는 '겨울강'이다. '겨울강'이 자신의 목소리로 자신의 처지를 언술하고 있다. '겨울강'에 투사되어 있는 '나'는 "한동안 얼음장 밑에서 더 웅크리고" 있는 처지이다. 그 고통과 추위를 견디는 방식은 자신의 존재조차 망각해 버리면 된다는 것이다.

"푸른 빛은 쪽 풀에서 뽑아내지만 쪽빛보다 더 푸르고 얼음은 물이 얼어서 이뤄졌지만 물보다 더 차다('取之於藍 而靑於藍 氷水爲之 而寒於水)"라는 '순자 권학편'의 명언에 빗대어 "생生도 다시 빚어 태어나는 생이 / 더 빛날 수 있"다고 자위한다. 그리고 그 지점에서 고통과 좌절의 부정적 의미를 벗어버리고, 지금은 "얼음장 밑에서 더 웅크리고" 있지만 "나, 허리 펴고 세상 밖으로 고개 드는 날 / 내 몸빛은 더 환하게 빛나리"라는 밝음과 긍정의 세계로 인식을 전환하고 있다.

「눈물의 사랑 -천관산 억새 3」은 서정적 자아가 '너'에게 건네는 담화 형태로 이루어져 있다. 여기에서 청자 '너'는 '천관산 억새'이다. 자아와 억새, 두 존재의 관계는 '사랑'으로 맺어져 있다. 현재의 두 존재의 '사랑'은 '눈물의 사랑'이다.

"너는 내게 눈물로 스미고 / 나는 네게 눈물로 빨리는" 너무 슬프고도 아픈 사랑이다. 그러나 화자는 "이생에서 너 만남은 큰 축복이었다"고 두 존재의 만남에 매우 긍정적 의미를 부여한다. '눈물의 사랑'은 서로 으스러지도록 껴안지만 그것은 두 존재의 울음과 울부짖음이다. 그리고 그 울음의 종착점은 "환희의 빛 무리"라는 밝고 긍정적이고 희망적인 미래라고 할 수 있다. 이처럼 김선욱의 시에서는 현실은 고통스러운 사랑이지만 미래의 지향은 밝은 긍정이다.

김선욱 시에서의 사랑은 '그리워하는 행위' 그 자체다. '그리워하다'의 사전적 의미는 "사랑하여 몹시 보고 싶어 하다."이고, '그리움'은 "보고 싶어 애타는 마음"이다. 김선욱의 시에서의 '그리움'은 '사랑'을 향한 간절한 추구이며 '사랑'에 도달하기 위한 열혈 도정이다.

산꽃이 그리운 날은
꿈속에서도 산꽃 냄새가 진동한다
그리 그리워하라고
바람이 내 어깨를 다독이는 날이면
나는 바람이 되어 산에 오른다

저만치 서성대는 봄날을 위해
겨우내 잠갔던 빗장 풀어헤치고
속진의 독한 냄새도 거두어 삭히고
아지랑이 같은 맑은 몸내 피워내며
기어이 온몸으로 향 보시하는 산꽃들

이생에서 얼마나
더 많은 겨울을 보내야
이 땅에서 그윽한 향 피우는
산꽃의 그 싹이나 틔울 수 있을까.

–「산꽃이 그리운 날」 전문

이 시에서 '그리움'은 후각 이미지로 드러난다. '산꽃 냄새', '속진의 독한 냄새', '맑은 몸내', '향 보시', '그윽한 향'의 시어들은 모두 후각 이미지를 환기한다. 화자 '나'는 '산꽃'을 그리워하는 존재이다. '나'의 산꽃을 그리워하는 정도는 "꿈속에서도 산꽃 냄새가 진동한다"라는 언술로 그 지극함을 짐작케 한다. 그래서 '나'는 '바람'으로 변전되어 산을 오른다. 산의 공간에 실재하는 '산꽃들'은 '봄날'을 맞기 위한 준비를 하고 있다.

"겨우내 잠갔던 빗장"을 풀어헤치는 일과 "속진의 냄새도 거두어 삭히"는 일이 그것이다. 전자는 고통으로부터 닫았던 마음의 개방을 의미하고, 후자는 더러운 세속의 일들에서 벗어나 한 차원 높은 곳에서의 정신적 발효를 뜻한다. 그리하여 '산꽃들'은 "아지랑이 같은 맑은 몸내"를 피워내고, "온몸으로 향 보시"를 하는 것이다. 결국 화자는 산꽃들이 향기를 뿜어내는 일을 '보시(布施)'로 인식한다. '보시'란 대승불교에서 행하는 자비의 마음으로 다른 존재에게 아무런 조건 없이 베풀어 주는 행위를 말한다. 그러므로 화자는 '산꽃들'이 향기를 뿜는 행위를 '이타정신(利他精神)의 극치로 읽어 낸 것이다. 그리고 화자는 산꽃의 정신을 거울삼아 나는 "이생에서 얼마나 / 더 많은 겨울을 보내야 / 이 땅에서 그윽한 향 피우는 / 산꽃의 그 싹이나 틔울 수 있을까."를 되돌아본다.

속살이 그리 아찔하도록 빛나는 것은
속으로만 삭이고 쟁여온 그리움의 빛깔

살 거죽마다 빼곡히 뚫고 솟아난
날 선 뼈 가시는 내 속울음의 눈물

얼마큼 생을 돌고 돌아야
뼈 가시 드러내지 않고 통째로 문드러지며
그대 가슴 안에 안겨들 수 있을까

내가 이생에서 물속에 피는 것은
차고 넘치는 눈물을
감추기 위해서임을 알리라.

—「비련 -가시연꽃」 중에서

헤어진 지 1년만이다
난 열병을 앓듯 널 그리워했다
만나고 헤어지고 다시 만나는 것이 삶이지만
처음 널 만난 이후 여태 해마다
겨울 끝물쯤에 간절히 그리게 하는 이는
오직 너 뿐이다

보는 것만으로 세상 시름 다 잊는다
보고 또 봐도 싫증나지 않고
내 삶을 반추하게 하는 너이기 때문이다
아주 내 곁에 두고도 싶지만

넌 본시 그 자리에 있어 더욱 빛나므로
너를 내게로 데려올 수도 없다
하여 해마다 널 찾아간다

오늘 널 만나러 산에 오르는
내 얼굴이 화끈 달아오른다.
가슴도 쿵쾅쿵쾅 뛴다.

—「다시 만나러 간다 -노루귀 2」 중에서

「비련 -가시연꽃」에서 화자는 '가시연꽃'이다. '가시연꽃'이 '비련'의 주인공이 된 자신의 처지를 토로하고 있는 작품이다. 비련(悲戀)의 사전적 의미는 "슬프게 끝나는 사랑", "애절한 그리움"이다. 화자는 "속살이 그리 아찔하도록 빛나는 것은 / 속으로만 삭이고 쟁여온 그리움의 빛깔"이고 "살 거죽마다 빼곡히 뚫고 솟아난 / 날 선 뼈 가시는 내 속울음의 눈물"이라고 술회한다. 내면은 '그리움'으로 가득 차 있고, 외양은 '눈물'로 이루어졌다는 것이다. 자신이 운명처럼 받고 있는 천형의 슬픔을 "얼마큼 생을 돌고 돌아야 / 뼈 가시 드러내지 않고 통째로 문드러지며 / 그대 가슴 안에 안겨들 수 있을까"하고 자탄한다.

즉, 화자 자신이 염원하는 사랑이 이루어지려면 얼마나 많은 윤회(輪回) 속에서 얼마나 많은 고통과 눈물의 시간을 보내야 하는지를 헤아려 보는 것이다. 그래서 지독한 그리움만을 안고 한 생을 살아가는 처지가 '비련'이다. 그리고 덧붙여서 화자는 '이생'(이승)에서의 삶이 "차고 넘치는" '비련'의 눈물을 감추기 위해 물속에 존재하고 개화한다는 사실을 적시하고 있다. 이처럼 이 시는 '가시연꽃'의 형상을 통해 비련의 이미지를 그려내고 있다.

「다시 만나러 간다 -노루귀 2」는 '내'가 '너'에게 말을 건네는 담화 형식이다. '너'는 '노루귀'라는 작은 꽃이다. 나와 너, 둘의 관계는 연애 상태에 있다. 그러나 일반적인 연애가 아니라, 1년에 한 번 만나는 안타까운 사랑이다.

그래서 "난 열병을 앓듯 널 그리워했다", "겨울 끝물쯤에 간절히 그리게 하는 이는 / 오직 너 뿐이다"고 고백한다. 화자에게 있어서 '너'는 보는 것만으로 "내 삶을 반추하게 하는" 소중한 존재이다. 그래서 욕심을 내면 아예 자신의 곁에 두고도 싶지만, 그 욕망을 버린다. 그 이유는 "넌 본시 그 자리에 있어 더욱 빛나므로". 즉 '너'를 사랑하기 때문이라고 한다. 이 또한 마음을 비우는 행위이다. 그래서 1년 동안 '그리움'을 견디며 보내다가, 오늘 '너'를 만나러 산에 오르는 것이다. '너'를 만나러 가는 화자 자신은 "얼굴이 화끈 달아오르"고, 가슴이 쿵쾅쿵쾅 뛰는 '열정'으로 가득 차 있다. 아직 그 화려한 만남은 이루어지지 않았고, 화자는 지금 열병처럼 그리워 하던 '너'에게로 가는 도정에 있다.

새벽에 억새를 만나던 날
억새 능선 동서쪽에 팬 억새들이
제 사랑이 서로 나은 사랑이라고 말싸움한다
동쪽 억새는 아침엔 불붙지만
서쪽은 불붙는 듯 마는 듯해서 나온 말이었다

해가 이울 녘 또 속삭이는 소리를 듣는다
서쪽은 이젠 우리가 더 잘 불붙는다고
동쪽은 아침 사랑의 여진일 뿐이라고
서쪽은 미진한 사랑으로 시작하지만
저녁엔 불타는 사랑이란다
동쪽은 아침에 불붙는 사랑이었으므로
저녁엔 미진한 사랑일 뿐이란다

어느 사랑이 나은지 가려서 뭐 하랴
크고 작든 처음에 불붙든 나중에 불타든 무슨
대수랴

종일 사랑 안에 머무르다 사랑 안에 져 가는
우주의 사랑 안에 생멸하는
너희 생이니.

–「억새의 사랑법 –천관산 억새 5」 전문

「억새의 사랑법 –천관산 억새 5」는 '천관산'의 '억새 능선'이라는 공간 배경을 가지고 있다. 화자는 이 공간에서 '동쪽 억새'와 '서쪽 억새'가 '새벽'과 '해 이울 녘'에 따라 서로 자신이 '불붙는 사랑' '불타는 사랑'이라고 '말싸움'하는 소리를 듣는다. 화자가 억새의 햇빛에 비친 모양을 '불타는 사랑'의 빛깔로 인식하는데서 이러한 상황은 가능하다. 이처럼 시적 대상을 열정적 사랑의 모습으로 간주하는 것이 이 시가 갖는 특징 중 하나이다.

그러나 여기에 그치지 않고 화자는 "어느 사랑이 나은지 가려서 뭐 하랴 / 크고 작든 처음에 불붙든 나중에 불타든 무슨 대수랴"라는 관조의 태도를 견지한다. 보다 큰 차원에서 '우주의 사랑'을 깨닫게 된 것이다. 즉 모든 존재들의 삶이란 "종일 사랑 안에 머무르다 사랑 안에 져 가는 / 우주의 사랑 안에 생멸하는" 것이라는 깨달음이다.

아무도 모르는 나만의 외사랑

땅에 뿌리내리는 사랑이 아니다
하늘을 우러르는 사랑도 아니다
소외된 땅 음지의 바위 틈새에 깊이 뿌리내리고
몸뚱이와 길고 질긴 손발은 모질게 엉겨 붙이고
갯내음 뒤집어쓴 채 파도 소리 들으며
생이 다 닳도록 진화를 꿈꾸고
거친 바위 숨결과 함께 천 년을 기다리는
아무도 알아주지 않아도
햇빛과 별빛과 달빛과 해풍이 품어주고 키워주는
외롭지만 홀로 즐기는 고독한 사랑

내 사랑이 현생에선
비록 허공으로 산산이 흩어질지라도
결코 포기 못 하는 이유이다
이생에선 이생에 미쳐야 한다는
믿음으로.

–「포기를 모르는 사랑 -지네발란」 전문

이 시도 시적 대상인 '지네발란'을 화자로 삼은 작품이다. 즉 '지네발란'에 투사된 '나'가 발화하는 형식이다. 역시 주된 시적 관심은 '사랑'이다. 화자는 자신의 사랑을 "아무도 모르는 나만의 외사랑"으로 간주한다. '외사랑'이란 "한쪽만 상대편을 사랑하는 일", "자신이 상대편을 사랑하고 있다는 것을 그 상대편이 알지 못하는 경우에 이르는 말"이다.

화자는 자신의 '외사랑'을 "거친 바위 숨결과 함께 천 년을 기다리는 / 아무도 알아주지 않아도 / 햇빛과 별빛과 달빛과 해풍이 품어주고 키워주는 / 외롭지만 홀로 즐기는 고독한 사랑"이라고 술회한다. 이 시에서의 '사랑'은 "결코 포기 못 하는", "이생에 미쳐야 한다는 믿음"으로 승화되어 있다.

이처럼 김선욱 시에서의 '사랑'은 열정적 그리움의 과정을 거치며, '이생'(이승)과 '저승'의 차원을 넘나드는 우주적이며 시간 초월적인 개념을 갖는다. "이생이 끝나는 찰라 / 사랑받지 못했어도 후회하진 않는다 / 여한 없이 자기를 태웠으므로"(「누군가의 어떤 길 -붉나무잎」), "내 생을 미친 사랑으로 / 불태우며 살고 싶은 거다"(「내가 원하는 생 / -연꽃의 항변」), "네 다음 생은 지구별 어느 외진 곳에서 / 홀로 거침없이 창창히 빛나는 / 생이길 기도한다"(「네 생이 장하다 -애기앉은부채」) 등의 시구에서도 마찬가지이다.

그대는
늘 등 너머이다

온밤을 새워도 다 읽지 못하는
태풍 뒤 고인 고요처럼 돌아누운
눈 감고 영혼으로 다가가야 하지만
눈물로도 채 미치지 못하는

그대는 늘 나를 지나쳐 앞서가니
그대와 마주하더라도
한 찰나에 불과할 뿐

그대에 이르는 길이
하얀 사막을 맨발로 걸어가는 듯
이리 고독한 그대의
등 너머의 사랑

그런데도
늘 그대 등을 넘어서는
꿈을 꾼다.

–「등 너머의 사랑」

김선욱 시에서의 '사랑'은 늘 「등 너머의 사랑」이다.

이 시에서 '그대'는 "온밤을 새워도 다 읽지 못하는 / 태풍 뒤 고인 고요처럼 돌아누운 / 눈 감고 영혼으로 다가가야(하는)" '등'이다. 그 '등' 너머에 '사랑'이 존재한다. 그래서 그 사랑에 '이르는 길'은 "하얀 사막을 맨발로 걸어가는 듯"한 고독한 노정이다. "그대는 늘 나를 지나쳐 앞서가니" 만남은 '한 찰나'일 뿐이다. 그럼에도 불구하고 화자는 "늘 그대 등을 넘어서는/ 꿈을 꾼다"는 것이다.

김선욱의 시는 대체로 모든 시적 대상의 존재를 타자로 인식하지 않고 자아와 동화하거나 감정을 이입하여 투사를 꾀하는 '친화'의 시선을 전제로 한다.

그의 시적 대상은 '고향 공간'이거나, 식물이거나, 어떤 관념이거나 정신이나 마음이거나 구애하지 않는다. 이러한 객관적 상관물들은 결국 그의 마음이나 정신, 사랑을 현현하기 위한 시적 장치로서 활용된다.

그의 시에서는 시적 대상과 자아의 사이에 짙은 그리움이 존재한다. 이 '그리움'은 항상 눈물, 울음 고통, 고독을 수반하는 지독한 '열병'과 같은 것이다. 그렇지만 이 그리움은 언젠가는 진정한 '사랑'에 도달할 것이라는 미래 비전을 담고 있다.

따라서 시적 현실은 열병의 고통 속에 놓여 있지만, 그때마다 그것을 극복할 수 있는 에너지가 되는 것은 미래 시간에 대한 기대라고 할 수 있다. 그것이 가능한 것은 그의 시 속에서의 미래 시간이 대체로 희망과 긍정의 시계를 지향하고 있기 때문이다.

그의 시에서 '사랑'에 도달하기 위한 과정은 열정이 넘치는 그리움이지만, 이를 지탱하고 지속할 수 있는 방편은 한마디로 '마음을 비우는 행위', 즉 '이타정신(利他精神)'이라고 할 수 있다. 그의 시는 보다 큰 차원에서의 '우주적 사랑'을 꿈꾸고 있다고 할 수 있다. 따라서 김선욱 시에서의 '사랑'은 열정적 그리움의 과정을 거쳐 '이생'(이승)과 '저승'의 차원을 넘나드는 우주적이며 시간초월적인 개념을 갖는다.

시인마을 003
새로운사람들

# 등 너머의 사랑

초판인쇄 2019년 11월 20일
초판발행 2019년 11월 25일

**지은이** 김선욱
**펴낸이** 이재욱
**펴낸곳** (주)새로운사람들
**디자인** 김남호
**마케팅관리** 김종림



**등록일** 1994년 10월 27일
**등록번호** 제2-1825호
**주소** 서울 도봉구 덕릉로 54가길 25(창동 557-85, 우 01473)
**전화** 02)2237.3301, 2237.3316 **팩스** 02)2237.3389
**이메일** ssbooks@chol.com
**홈페이지** http://www.ssbooks.biz

ISBN 978-89-8120-581-2 (03810)